Das große Strickmuster 1x1

Die schönsten Blattmuster

Das große Strickmuster 1x1

Babette Ulmer

Die schönsten BLATT MUSTER

Band 6

CV

Inhalt

Blattmuster

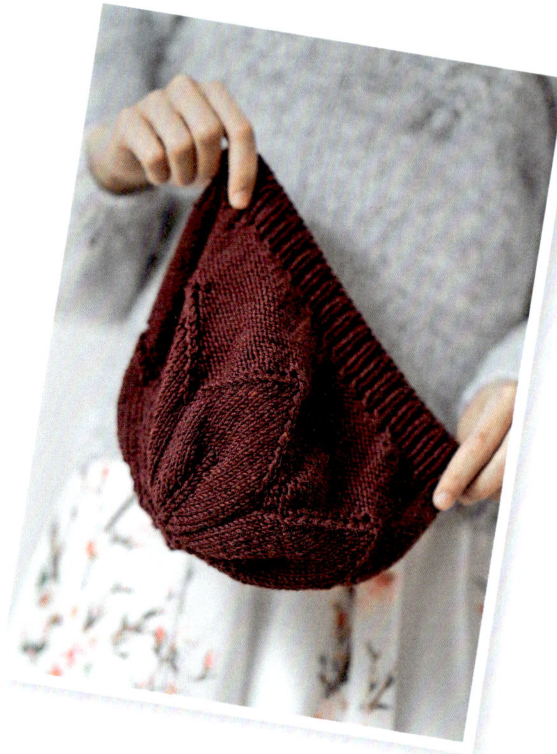

Projekte

Vorwort

Blattmuster und Blätter!

Blattmuster und Blätter sind eigentlich Ajourmuster, jedoch sind die Maschen so arrangiert, dass sie sich als Blätter zeigen. Ajourmuster als Blattmuster sind so schön und variantenreich, dass sie eine eigene Rubrik sind und deswegen separat in diesem Buch gezeigt werden.

Blätterformen entstehen durch Zu- und Abnahmen an verschiedenen Stellen, dadurch laufen die Maschen auseinander und wieder zusammen. Durch unterschiedliche Maschenzahlen zwischen Zu- und Abnahmen und dementsprechend andere Reihenzahlen können Blätter in der Größe variiert werden.

In diesem Buch werden verschiedene Arten von Blättern bzw. Blattmustern gezeigt. Große, kleine, all over, zarte, plakative …

Im Musterteil werden die Muster dann wie in allen Büchern in der Buchreihe „Strickmusterbibliothek" sowohl im Text wie in der Strickschrift beschrieben.

Im Modellteil des Buchs kommen die vorgestellten Muster dann gleich zum Einsatz: in Pullover, Pullunder, Stola, Mütze, Stulpen oder auch Teppich und Kissen. Viel Spaß beim Blätter- und Blattmusterstricken!

Babette Ulmer

Über die Autorin

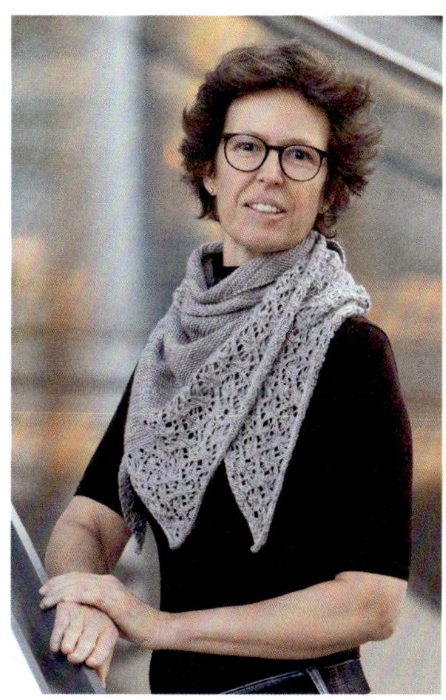

Stricken gehört seit der Teenagerzeit zu ihrem Alltag dazu: Babette Ulmer studierte Modedesign mit Schwerpunkt Maschen und hat ihr Hobby zum Beruf gemacht. Nach mehreren Jahren Berufserfahrung ist sie seit 2001 selbstständig. Sie arbeitet für verschiedene Firmen in der Handarbeitsbranche, entwirft Modelle und schreibt Anleitungen sowie seit 2007 zahlreiche bekannte Buchtitel, darunter *Stricken lernen. Der Schritt für Schritt Grundkurs*, oder auch *Pullover stricken lernen*.

Blätter und Blattmuster

Blattmuster gehören von der Art, wie sie gearbeitet werden, zu den Ajourmustern. Durch das geschickte Anordnen verschiedener Arten von Maschenabnahmen einerseits und Umschlägen andererseits formen sich Blüten und Blätter von klein bis groß.
Warum man sie dennoch separat betrachtet, hat damit zu tun, dass sich Zu- und Abnahmen in Ajourmustern in der Regel ausgleichen, sich die Maschenzahl also nicht oder musterbedingt nur über ein paar wenige Reihen ändert. Bei Blattmustern hingegen kann dies völlig anders sein.
Es gibt Blattmuster, bei denen sich die Maschenzahl von Reihe zu Reihe ändert, häufig nimmt die Maschenzahl über mehrere Reihen stets zu, wo sich die Blattform weitet, dann verringert sie sich für die Ausformung der Blattspitzen wieder. In anderen Blattmustern ist auch gar keine Abnahme der Maschenzahl mehr vorgesehen, die Maschenzahl nimmt stetig zu. Solche Muster werden gerne in Dreieckstüchern oder mit mehreren Rapporten in Runden gestrickt, das Kissen auf Seite 68 ist ein schönes Beispiel dafür. Blattmuster öffnen also gerade in Bezug auf die Form eines Strickstücks den Raum für viel Kreativität!

Die folgenden Blattmuster-Elemente werden in diesem Buch verwendet.

Umschlag ◯

Abb. 1

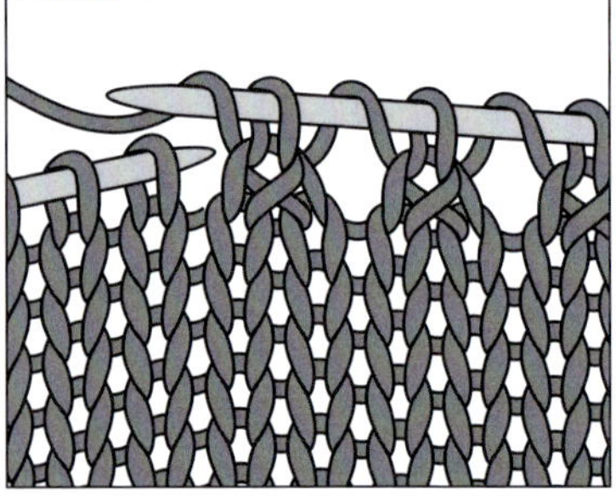

Abb. 2

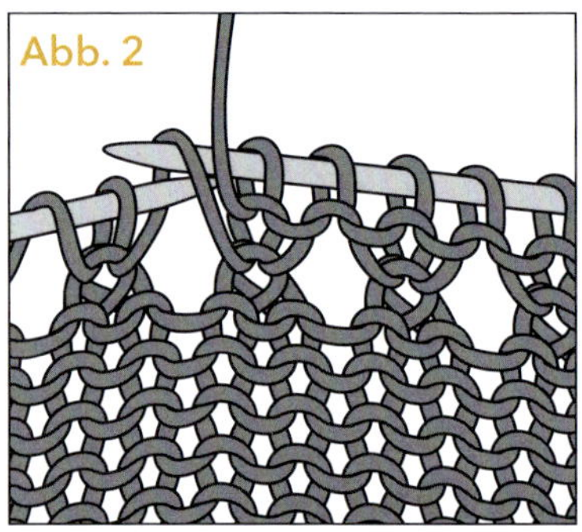

Den Faden von vorne nach hinten über die rechte Nadel legen. Abb. 1.In der Rückreihe die Umschläge wie in der Anleitung beschrieben rechts oder links stricken. So entsteht ein Loch in der Maschenstruktur, das sich nicht aufzieht. Abb. 2.

2 Maschen rechts zusammenstricken ⁄

Abb. 1

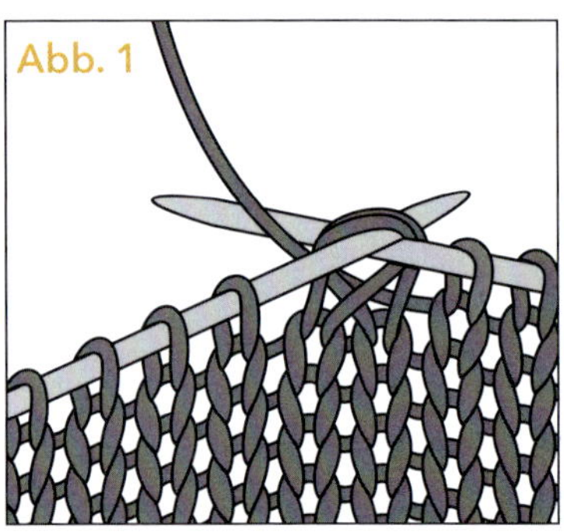

Abb. 2

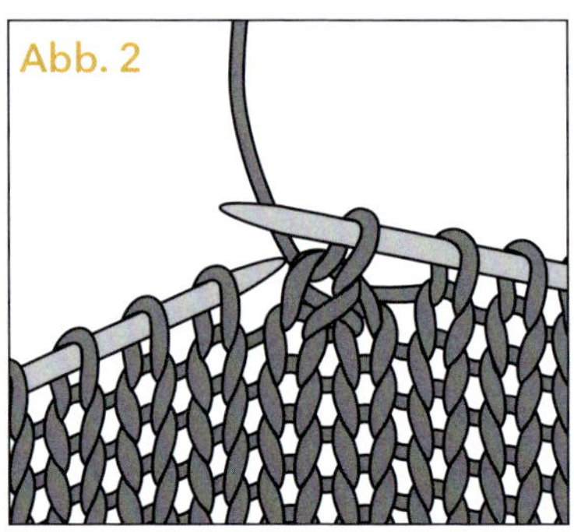

Der Faden liegt hinter der Arbeit. Mit der rechten Nadel von links nach rechts wie zum Rechtsstricken in die beiden Maschen zugleich einstechen. Abb. 1. Den Faden holen und nach vorn durch beide Maschen ziehen. Die Maschen von der linken Nadel gleiten lassen. Die Abnahmemasche neigt sich im Maschenbild nach rechts. Abb. 2.

2 Maschen rechts überzogen zusammenstricken ╲

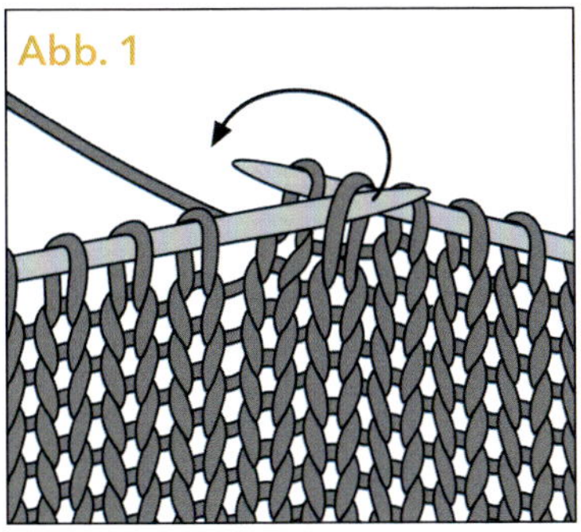

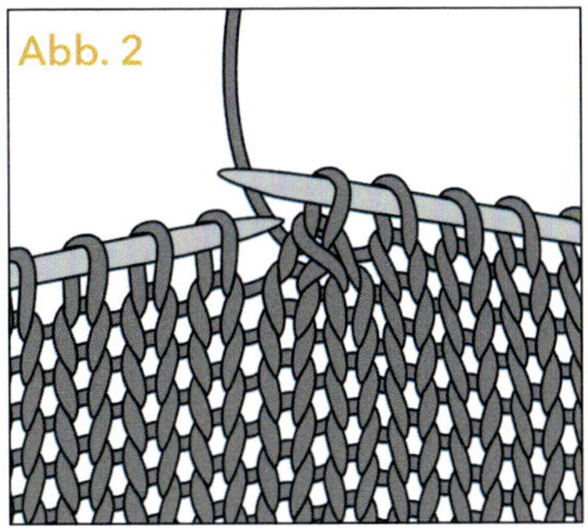

1 Masche wie zum Rechtsstricken abheben und die folgende Masche rechts stricken. Dann die abgehobene Masche überziehen. Abb. 1. Die Abnahmemasche neigt sich im Maschenbild nach links. Abb. 2.

3 Maschen rechts überzogen zusammenstricken ⋀

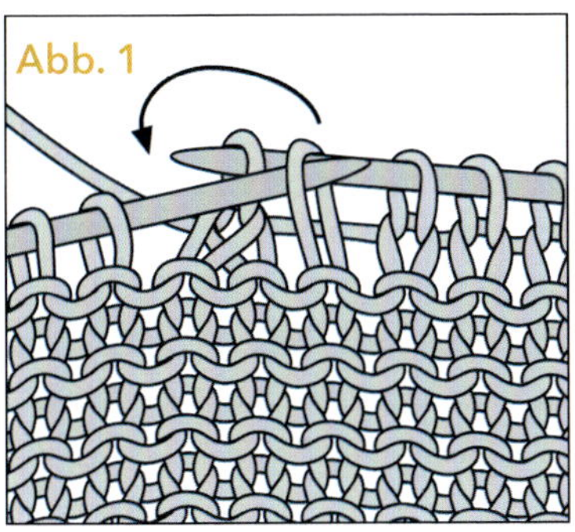

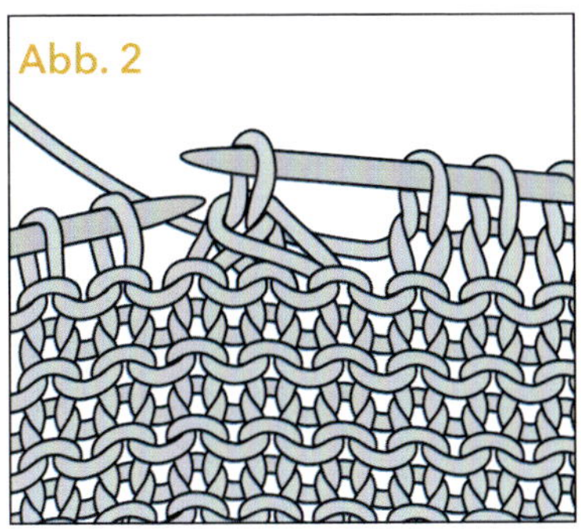

1 Masche wie zum Rechtsstricken abheben und die beiden folgenden Maschen rechts zusammenstricken. Abb. 1. Dann die abgehobene Masche über die zusammengestrickten Maschen ziehen. Die Abnahmemasche neigt sich im Maschenbild ebenfalls nach links. Abb. 2.

3 Maschen mit aufliegender Mittelmasche rechts zusammenstricken ⩚

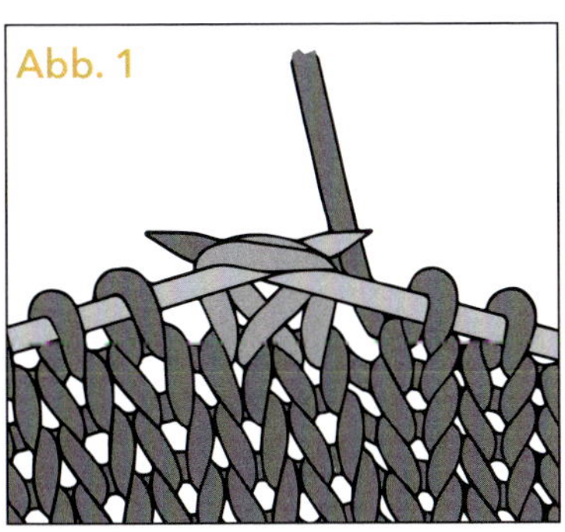

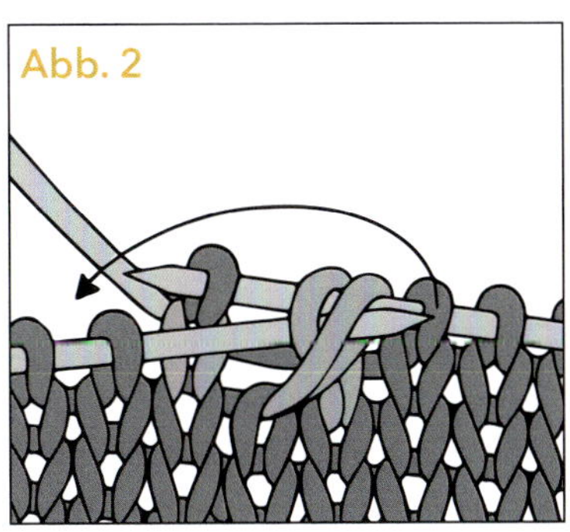

2 Maschen wie zum Rechtsstricken zusammen abheben. Abb. 1. Die nächste Masche rechts stricken und beide abgehobenen Maschen darüberziehen. Die mittlere der 3 Maschen ist deutlich sichtbar, die Abnahmemasche weist keine Neigung auf. Abb. 2.

Muster und Modellanleitungen

Für jede Strickanleitung gilt: Bitte alles erst einmal durchlesen! Damit gewinnt man einen Überblick über das Projekt und wird nicht mittendrin unerwartet überrascht.

Im Musterteil werden alle Blattmuster sowohl durch Strickschrift als auch durch ausgeschriebene Textanleitung beschrieben. Beide Darstellungen können sich bei Unklarheiten gut ergänzen.
Bei jedem Muster werden die Maschenzahl des Rapports, dann die Anfangs- und Endmaschen und die beiden Randmaschen angegeben, und schließlich, welche Reihen wiederholt werden. Damit lässt sich das Muster auch leicht für eigene Strickprojekte verwenden.

Stricken nach ausgeschriebenem Text

Im Text werden die Muster Reihe für Reihe und Masche für Masche ausgeschrieben. Der Rapport steht zwischen Sternchen * *, kleinere Wiederholungen zwischen [ ], dann folgt die Angabe, wie oft wiederholt wird. Abschließend findet man noch die Angabe, welche Reihen in der Höhe wiederholt werden.

Stricken nach Strickschrift

In den Strickschriften werden je nach besserer Übersichtlichkeit entweder Hin- und Rückreihen gezeichnet oder nur Hinreihen mit zusätzlichen Angaben, wie die Rückreihen gearbeitet werden. Die Maschen sind so gezeichnet, wie sie gestrickt werden: In Hin- und Rückreihen rechts notierte Maschen erscheinen im Strickstück also später kraus rechts. Ein glatt rechtes Strickstück wird in Hinreihen durch rechte Maschen und in Rückreihen durch linke Maschen beschrieben.
Wie die Symbole einer Strickschrift zu lesen sind, wird unter jeder Strickschrift in der Zeichenerklärung angegeben. Gut darauf achten, ob das Muster mit einer Hin- oder Rückreihe beginnt!

Strickschriften immer in Strickrichtung lesen, also Hinreihen von rechts nach links und Rückreihen von links nach rechts. Man kann sich dabei leicht an der Position der Reihennummer orientieren. Ziffern rechts neben der Strickschrift markieren Hinreihen, Ziffern links neben der Strickschrift Rückreihen.

In Hinreihen mit der Randmasche und den Maschen vor dem rechten Pfeil beginnen, dann den Rapport zwischen den Pfeilen wiederholen und mit den Maschen nach dem linken Pfeil enden. In allen Rückreihen die Strickschrift entsprechend von links nach rechts lesen. Unter der Strickschrift wird angegeben, welche Reihen wiederholt werden.

Musterdarstellungen im Modellteil und im Musterteil

Im Musterteil werden alle vorgestellten Muster in Hin- und Rückreihen in ihrer Grundform gerade hoch mit Randmaschen beschrieben. Der Modellteil zeigt dann, was man aus diesen Grundmustern machen kann oder wie sie in einem Modell mit eigener Formgebung eingesetzt werden können. Diese Beispiele dürfen gerne animieren, selbst mit den Mustern kreativ zu werden.

Folgende Abkürzungen werden verwendet:

Luftm = Luftmasche oder Luftmaschen
M = Masche oder Maschen
R = Reihe oder Reihen
Rd = Runde oder Runden
zusammen = zusammenstricken

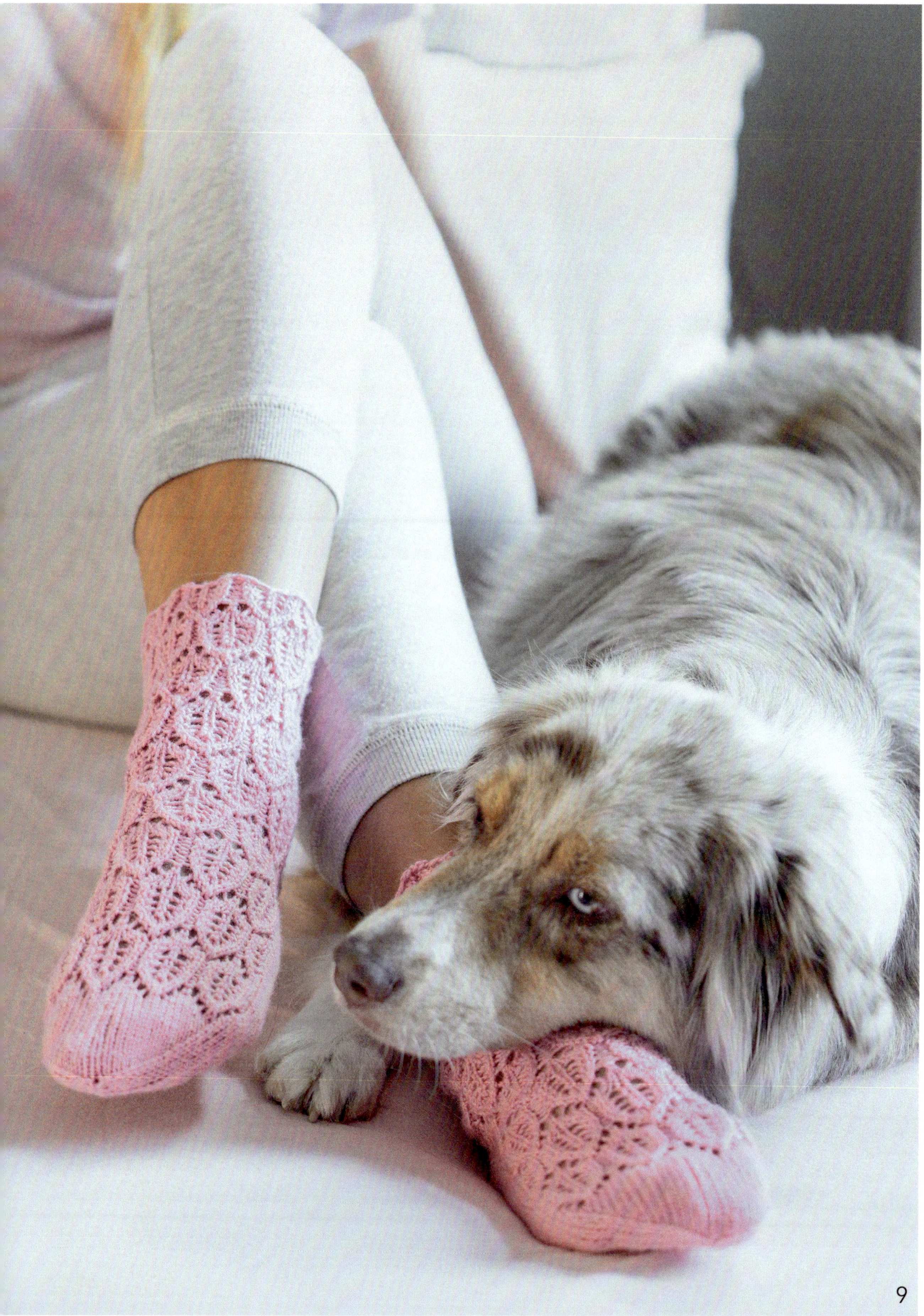

Efeublatt

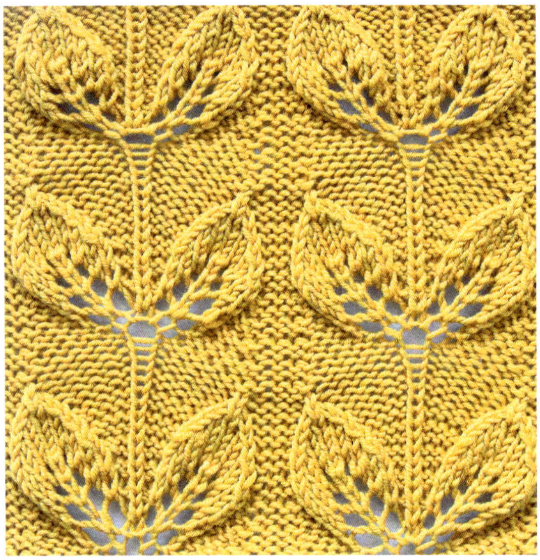

Schwierigkeitsgrad mittel
Kategorie Blätter

Maschenzahl in der 1. Reihe teilbar durch 15 + 2 Randmaschen. Die Maschenzahl des Rapports ändert sich.

STRICKEN NACH MUSTERBESCHREIBUNG

1. Reihe (Hinreihe): RandM, * 7 M links, 3 M aus 1 M herausstricken (= 1 M rechts, 1 Umschlag, 1 M rechts), 7 M links; ab * stets wiederholen, RandM (= 17 M Rapport).
2. Reihe (Rückreihe): RandM, * 7 M rechts, 3 M links, 7 M rechts; ab * stets wiederholen, RandM.
3. Reihe: RandM, * 1 M links, 2 M links zusammen, 4 M links, 1 Umschlag, 1 M rechts, 1 Umschlag, 1 M aus dem Querfaden links verschränkt herausstricken, 1 M rechts, 1 M aus dem Querfaden links verschränkt herausstricken, 1 Umschlag, 1 M rechts, 1 Umschlag, 4 M links, 2 M links zusammen, 1 M links; ab * stets wiederholen, RandM (= 21 M Rapport).
4. Reihe: RandM, * 6 M rechts, 3 M links, 1 M rechts, 1 M links, 1 M rechts, 3 M links, 6 M rechts; ab * stets wiederholen, RandM.
5. Reihe: RandM, * 1 M links, 2 M links zusammen, 3 M links, [1 M rechts, 1 Umschlag] 2x, 1 M rechts, 1 M aus dem Querfaden links verschränkt herausstricken, 1 M links, 1 M rechts, 1 M links, 1 M aus dem Querfaden links verschränkt herausstricken, [1 M rechts, 1 Umschlag] 2x, 1 M rechts, 3 M links, 2 M links zusammen, 1 M links; ab * stets wiederholen, RandM (= 25 M Rapport).
6. Reihe: RandM, * 5 M rechts, 5 M links, 2 M rechts, 1 M links, 2 M rechts, 5 M links, 5 M rechts; ab * stets wiederholen, RandM.
7. Reihe: RandM, * 1 M links, 2 M links zusammen, 2 M links, 2 M rechts, 1 Umschlag, 1 M rechts, 1 Umschlag, 2 M rechts, 1 M aus dem Querfaden links verschränkt herausstricken, 2 M links, 1 M rechts, 2 M links, 1 M aus dem Querfaden links verschränkt herausstricken, 2 M rechts, 1 Umschlag, 1 M rechts, 1 Umschlag, 2 M rechts, 2 M links, 2 M links zusammen, 1 M links; ab * stets wiederholen, RandM (= 29 M Rapport).
8. Reihe: RandM, * 4 M rechts, 7 M links, 3 M rechts, 1 M links, 3 M rechts, 7 M links, 4 M rechts; ab * stets wiederholen, RandM.
9. Reihe: RandM, * 1 M links, 2 M links zusammen, 1 M links, 3 M rechts, 1 Umschlag, 1 M rechts, 1 Umschlag, 3 M rechts, 1 M aus dem Querfaden links verschränkt herausstricken, 3 M links, 1 M rechts, 3 M links, 1 M aus dem Querfaden links verschränkt herausstricken, 3 M rechts, 1 Umschlag, 1 M rechts, 1 Umschlag, 3 M rechts, 1 M links, 2 M links zusammen, 1 M links; ab * stets wiederholen, RandM (= 33 M Rapport).
10. Reihe: RandM, * 3 M rechts, 9 M links, 4 M rechts, 1 M links, 4 M rechts, 9 M links, 3 M rechts; ab * stets wiederholen, RandM.
11. Reihe: RandM, * 1 M links, 2 M links zusammen, 2 M rechts überzogen zusammen (= 1 M wie zum Rechtsstricken abheben, 1 M rechts stricken, dann die abgehobene M überziehen), 5 M rechts, 2 M rechts zusammen, 1 M aus dem Querfaden links verschränkt herausstricken, 4 M links, 1 M rechts, 4 M links, 1 M aus dem Querfaden links verschränkt herausstricken, 2 M rechts überzogen zusammen, 5 M rechts, 2 M rechts zusammen, 2 M links zusammen, 1 M links; ab * stets wiederholen, RandM (= 29 M Rapport).
12. Reihe: RandM, * 2 M rechts, 7 M links, 5 M rechts, 1 M links, 5 M rechts, 7 M links, 2 M

rechts; ab * stets wiederholen, RandM.

13. Reihe: RandM, * 2 M links, 2 M rechts überzogen zusammen, 3 M rechts, 2 M rechts zusammen, 5 M links, 1 M rechts, 5 M links, 2 M rechts überzogen zusammen, 3 M rechts, 2 M rechts zusammen, 2 M links; ab * stets wiederholen, RandM (= 25 M Rapport).

14. Reihe: RandM, * 2 M rechts, 5 M links, 5 M rechts, 1 M links, 5 M rechts, 5 M links, 2 M rechts; ab * stets wiederholen, RandM.

15. Reihe: RandM, * 2 M links, 2 M rechts überzogen zusammen, 1 M rechts, 2 M rechts zusammen, 5 M links, 1 M rechts, 5 M links, 2 M rechts überzogen zusammen, 1 M rechts, 2 M rechts zusammen, 2 M links; ab * stets wiederholen, RandM (= 21 M Rapport).

16. Reihe: RandM, * 2 M rechts, 3 M links, 5 M rechts, 1 M links, 5 M rechts, 3 M links, 2 M rechts; ab * stets wiederholen, RandM.

17. Reihe: RandM, * 2 M links, 3 M mit oben aufliegender Mittelmasche rechts zusammen (= 2 M gemeinsam wie zum Rechtsstricken abheben, 1 M rechts stricken, dann beide abgehobene M überziehen), 5 M links, 1 M rechts, 5 M links, 3 M mit oben aufliegender Mittelmasche rechts zusammen, 2 M links; ab * stets wiederholen, RandM (= 17 M Rapport).

18. Reihe: RandM, * 2 M rechts, [1 M links, 5 M rechts] 2x, 1 M links, 2 M rechts; ab * stets wiederholen, RandM.

19. Reihe: RandM, * 1 M links, 2 M links zusammen, 5 M links, 3 M aus 1 M herausstricken, 5 M links, 2 M links zusammen, 1 M links; ab * stets wiederholen, RandM (= 17 M Rapport).

20. Reihe: RandM, * 7 M rechts, 3 M links, 7 M rechts; ab * stets wiederholen, RandM.

1x die 1. – 20. Reihe arbeiten, dann die 3. – 20. Reihe stets wiederholen.

STRICKEN NACH STRICKSCHRIFT

In der Strickschrift sind die Hinreihen notiert. Die Maschen sind so bezeichnet, wie sie gestrickt werden.
In den Hinreihen mit der RandM vor dem rechten Pfeil beginnen, den Rapport zwischen den Pfeilen stets wiederholen und mit der RandM nach dem linken Pfeil enden.
In den Rückreihen alle M stricken, wie sie erscheinen, und Umschläge links stricken.

1x die 1. – 20. Reihe arbeiten, dann die 3. – 20. Reihe stets wiederholen.

Zeichenerklärung:

= Randmasche

= 1 Masche rechts

= 1 Masche links

= 1 Umschlag

= 2 Maschen rechts zusammenstricken

= 2 Maschen rechts überzogen zusammenstricken (= 1 Masche wie zum Rechtsstricken abheben, 1 Masche rechts stricken, dann die abgehobene Masche überziehen)

= 2 Maschen links zusammenstricken

= 3 Maschen mit oben aufliegender Mittelmasche rechts zusammenstricken (= 2 Maschen gemeinsam wie zum Rechtsstricken abheben, 1 Masche rechts stricken, dann beide abgehobene Maschen überziehen)

= 1 Masche aus dem Querfaden links verschränkt herausstricken

= 3 Maschen aus 1 Masche herausstricken (= 1 Masche rechts, 1 Umschlag, 1 Masche rechts)

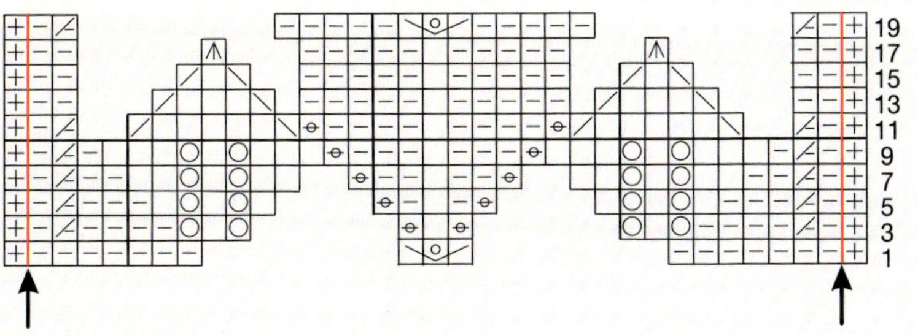

Blattmuster mit Zopf

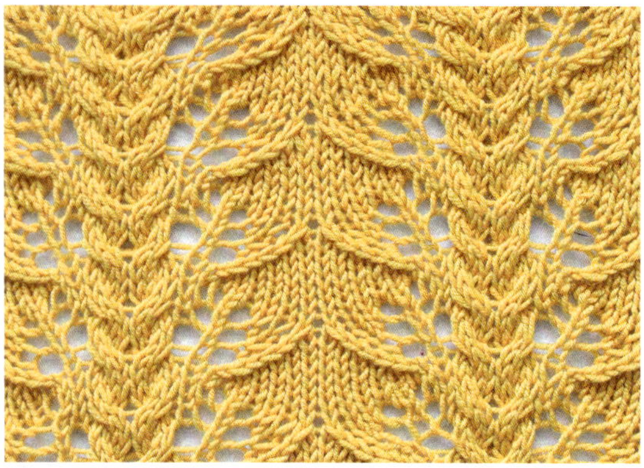

Schwierigkeitsgrad mittel
Kategorie Blattmuster mit Zopf

Maschenzahl teilbar durch 24 + 2 Randmaschen.

STRICKEN NACH MUSTERBESCHREIBUNG

1. Reihe (Hinreihe): RandM, alle M rechts, RandM.
2. Reihe (Rückreihe): RandM, alle M links, RandM.
3. Reihe: RandM, * 5 M rechts, 2 M rechts zusammen, 1 Umschlag, 1 M rechts, 2 M auf eine Hilfsnadel hinter die Arbeit legen, 2 M rechts, dann die 2 M der Hilfsnadel rechts stricken, 2 M auf eine Hilfsnadel vor die Arbeit legen, 2 M rechts, dann die 2 M der Hilfsnadel rechts stricken, 1 M rechts, 1 Umschlag, 2 M rechts überzogen zusammen (= 1 M wie zum Rechtsstricken abheben, 1 M rechts, dann die abgehobene M überziehen), 5 M rechts; ab * stets wiederholen, RandM.
4. Reihe: RandM, * 4 M links, 2 M links verschränkt zusammen, 2 M links, 1 Umschlag, 8 M links, 1 Umschlag, 2 M links, 2 M links zusammen, 4 M links; ab * stets wiederholen, RandM.
5. Reihe: RandM, * 3 M rechts, 2 M rechts zusammen, 1 M rechts, 1 Umschlag, 12 M rechts, 1 Umschlag, 1 M rechts, 2 M rechts überzogen zusammen, 3 M rechts; ab * stets wiederholen, RandM.
6. Reihe: RandM, * 2 M links, 2 M links verschränkt zusammen, 3 M links, 1 Umschlag, 10 M links, 1 Umschlag, 3 M links, 2 M links zusammen, 2 M links; ab * stets wiederholen, RandM.
7. Reihe: RandM, * 1 M rechts, 2 M rechts zusammen, 2 M rechts, 1 Umschlag, 3 M rechts, 2 M auf eine Hilfsnadel hinter die Arbeit legen, 2 M rechts, dann die 2 M der Hilfsnadel rechts stricken, 2 M auf eine Hilfsnadel vor die Arbeit legen, 2 M rechts, dann die 2 M der Hilfsnadel rechts stricken, 3 M rechts, 1 Umschlag, 2 M rechts, 2 M rechts überzogen zusammen, 1 M rechts; ab * stets wiederholen, RandM.
8. Reihe: RandM, * 2 M links verschränkt zusammen, 4 M links, 1 Umschlag, 12 M links, 1 Umschlag, 4 M links, 2 M links zusammen; ab * stets wiederholen, RandM.

Die 1. – 8. Reihe stets wiederholen.

STRICKEN NACH STRICKSCHRIFT

In der Strickschrift sind alle Reihen des Höhenrapportes notiert. Die Maschen sind so bezeichnet, wie sie gestrickt werden.
In den Hinreihen mit der RandM vor dem rechten Pfeil beginnen, den Rapport von 24 M zwischen den Pfeilen stets wiederholen und mit der RandM nach dem linken Pfeil enden.
In den Rückreihen die Strickschrift entsprechend von links nach rechts lesen.

Die 1. – 8. Reihe stets wiederholen.

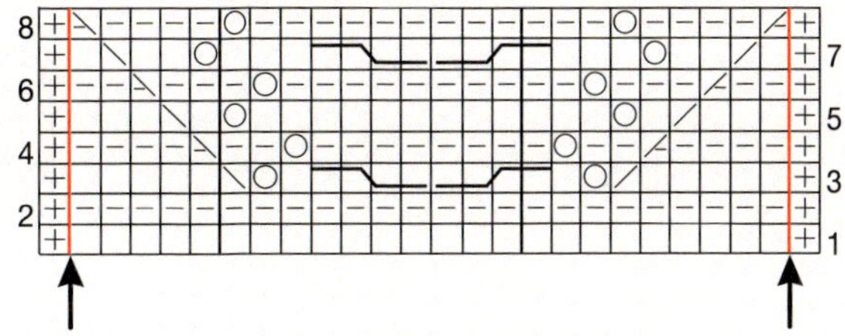

Zeichenerklärung:

+ = Randmasche
□ = 1 Masche rechts
– = 1 Masche links
○ = 1 Umschlag
/ = 2 Maschen rechts zusammenstricken
\ = 2 Maschen rechts überzogen zusammenstricken (= 1 Masche wie zum Rechtsstricken abheben, 1 Masche rechts stricken, dann die abgehobene Masche überziehen)
∠ = 2 Maschen links zusammenstricken
⦣ = 2 Maschen links verschränkt zusammenstricken
= 2 Maschen auf eine Hilfsnadel vor die Arbeit legen, 2 Maschen rechts stricken, dann die 2 Maschen der Hilfsnadel rechts stricken
= 2 Maschen auf eine Hilfsnadel hinter die Arbeit legen, 2 Maschen rechts stricken, dann die 2 Maschen der Hilfsnadel rechts stricken

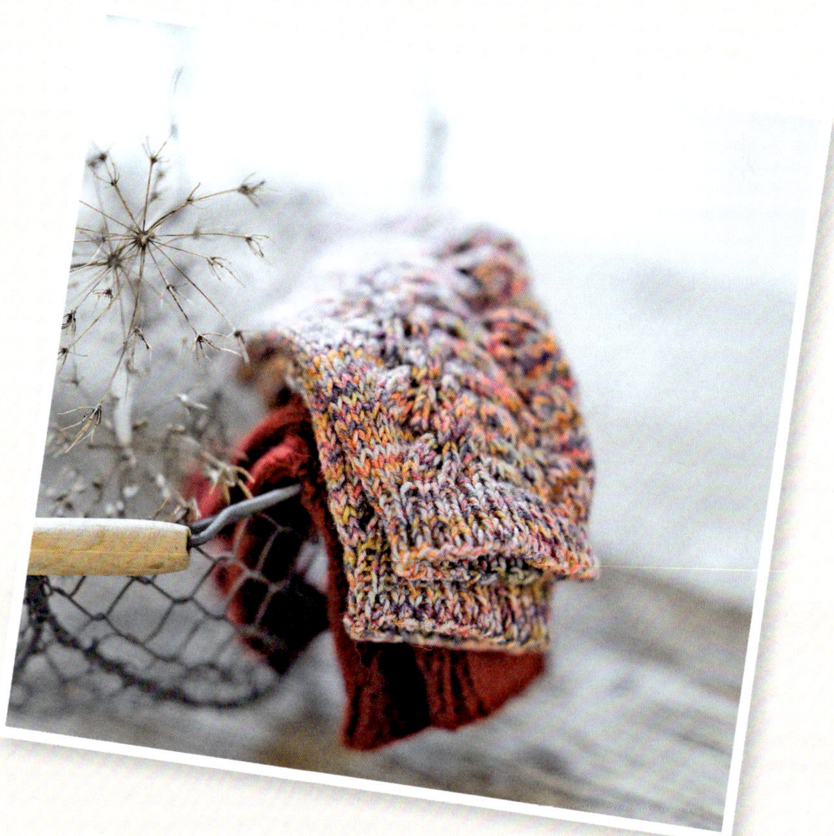

Ajourmuster

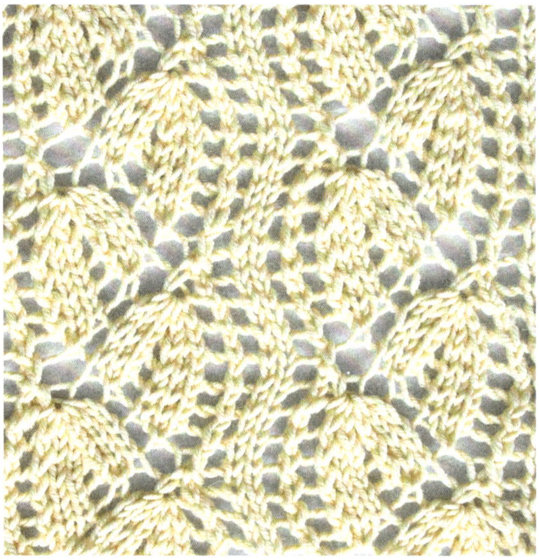

Schwierigkeitsgrad mittel
Kategorie Blattmuster

Maschenzahl in der 1. Reihe teilbar durch 14 + 2 Randmaschen. Die Maschenzahl des Rapports ändert sich von Reihe zu Reihe.

STRICKEN NACH MUSTERBESCHREIBUNG

1. Reihe (Hinreihe): RandM, * 1 M rechts, [1 Umschlag, 2 M rechts zusammen] 2x, 2 M rechts, 1 Umschlag, 3 M rechts, 1 Umschlag, 3 M rechts zusammen, 1 Umschlag, 1 M rechts; ab * stets wiederholen, RandM (= 15 M Rapport).
2. Reihe (Rückreihe) und alle folgenden Rückreihen: Alle M und Umschläge zwischen den RandM links stricken.
3. Reihe: RandM, * 1 M rechts, [1 Umschlag, 2 M rechts zusammen] 2x, 2 M rechts, 1 Umschlag, 2 M rechts zusammen, 2 M rechts, 1 Umschlag, 1 M rechts, 1 Umschlag, 2 M rechts überzogen zusammen (= 1 M wie zum Rechtsstricken abheben, 1 M rechts, dann die abgehobene M überziehen), 1 Umschlag, 1 M rechts; ab * stets wiederholen, RandM (= 17 M Rapport).
5. Reihe: RandM, * 1 M rechts, [1 Umschlag, 2 M rechts zusammen] 2x, 2x je 2 M rechts zusammen, 2 M rechts, 1 Umschlag, 3 M rechts, 1 Umschlag, 2 M rechts überzogen zusammen, 1 Umschlag, 1 M rechts; ab * stets wiederholen, RandM.
7. Reihe: RandM, * 1 M rechts, 1 Umschlag, 2 M rechts zusammen, 6 M rechts zusammen, 1 Umschlag, 1 M rechts, 1 Umschlag, 2 M rechts, [2 M rechts überzogen zusammen, 1 Umschlag] 2x, 1 M rechts; ab * stets wiederholen, RandM (= 14 M Rapport).
9. Reihe: RandM, * 1 M rechts, 1 Umschlag, 3 M rechts zusammen, 1 Umschlag, 3 M rechts, 1 Umschlag, 2 M rechts, [2 M rechts überzogen zusammen, 1 Umschlag] 2x, 1 M rechts; ab * stets wiederholen, RandM (= 15 M Rapport).
11. Reihe: RandM, * 1 M rechts, 1 Umschlag, 2 M rechts zusammen, 1 Umschlag, 1 M rechts, 1 Umschlag, 2 M rechts, 2 M rechts überzogen zusammen, 1 Umschlag, 2 M rechts, [2 M rechts überzogen zusammen, 1 Umschlag] 2x, 1 M rechts; ab * stets wiederholen, RandM (= 17 M Rapport).
13. Reihe: RandM, * 1 M rechts, 1 Umschlag, 2 M rechts zusammen, 1 Umschlag, 3 M rechts, 1 Umschlag, 2 M rechts, 2x je 2 M rechts überzogen zusammen, [2 M rechts überzogen zusammen, 1 Umschlag] 2x, 1 M rechts; ab * stets wiederholen, RandM.
15. Reihe: RandM, * 1 M rechts, [1 Umschlag, 2 M rechts zusammen] 2x, 2 M rechts, 1 Umschlag, 1 M rechts, 1 Umschlag, 6 M rechts zusammen, 2 M rechts überzogen zusammen, 1 Umschlag, 1 M rechts; ab * stets wiederholen, RandM (= 14 M Rapport).

Die 1. – 16. Reihe stets wiederholen.

STRICKEN NACH STRICKSCHRIFT

In der Strickschrift sind die Hinreihen des Höhenrapportes notiert. Die Maschen sind so bezeichnet, wie sie gestrickt werden.
In den Hinreihen mit der RandM vor dem rechten Pfeil beginnen, den Rapport von 14 M zwischen den Pfeilen stets wiederholen und mit der RandM nach dem linken Pfeil enden.
In den Rückreihen alle M zwischen den RandM links stricken.

Die 1. – 16. Reihe stets wiederholen.

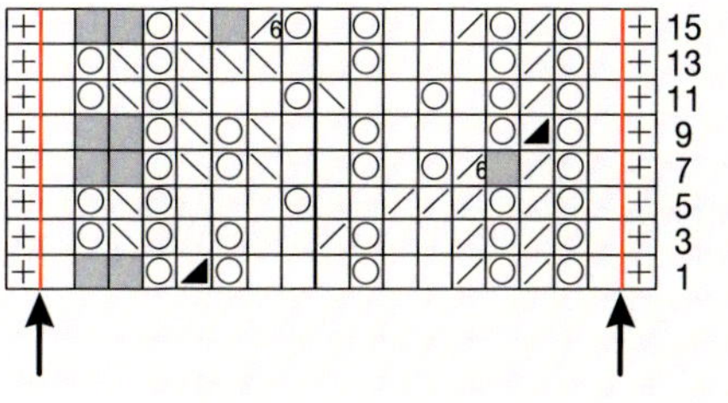

Zeichenerklärung:

- ⊞ = **Randmasche**
- □ = **1 Masche rechts**
- ■ = **keine Bedeutung, Masche nicht vorhanden**
- ○ = **1 Umschlag**
- ⁄ = **2 Maschen rechts zusammenstricken**
- ∖ = **2 Maschen rechts überzogen zusammenstricken (= 1 Masche wie zum Rechtsstricken abheben, 1 Masche rechts stricken, dann die abgehobene Masche überziehen)**
- ◢ = **3 Maschen rechts zusammenstricken**
- ⁄6 = **6 Maschen rechts zusammenstricken (= 5 Maschen wie zum Rechtsstricken abheben, 1 Masche rechts stricken, dann nacheinander die 5., 4., 3., 2., und 1. Masche überziehen)**

Herbstlaub

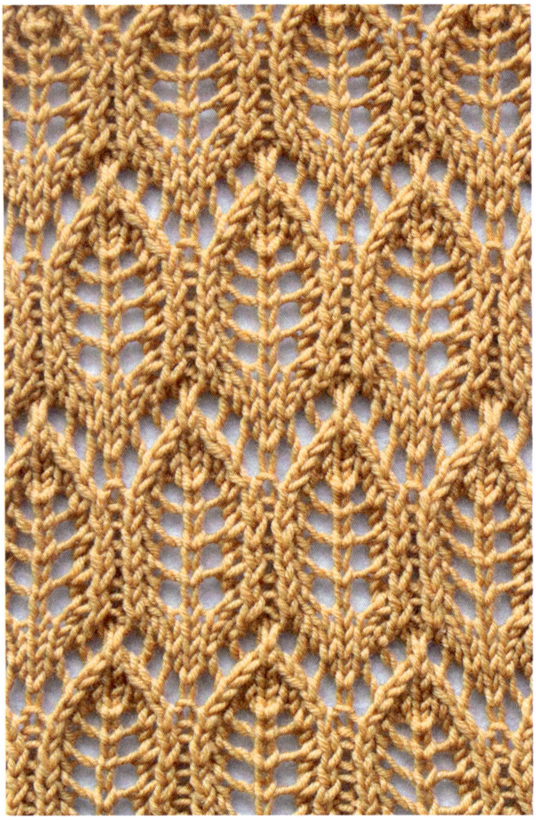

Schwierigkeitsgrad einfach-mittel
Kategorie Blattmuster

Maschenzahl teilbar durch 8 + 1 M + 2 Randmaschen.

STRICKEN NACH MUSTERBESCHREIBUNG

1. Reihe (Hinreihe): RandM, 1 M rechts, 1 Umschlag, 1 M rechts, 2 M rechts zusammen, * 1 M links, 2 M rechts überzogen zusammen (= 1 M wie zum Rechtsstricken abheben, 1 M rechts stricken, dann die abgehobene M überziehen), [1 M rechts, 1 Umschlag] 2x, 1 M rechts, 2 M rechts zusammen; ab * stets wiederholen, 1 M links, 2 M rechts überzogen zusammen, 1 M rechts, 1 Umschlag, 1 M rechts, RandM.
2. Reihe (Rückreihe) und alle folgenden Rückreihen: Alle M stricken, wie sie erscheinen, und Umschläge links stricken.
3., 5. und 7. Reihe: Wie die 1. Reihe arbeiten.
9. Reihe: RandM, 2 M rechts, 2 M rechts zusammen, 1 Umschlag, * 1 M rechts, 1 Umschlag, 2 M rechts überzogen zusammen, 3 M rechts, 2 M rechts zusammen, 1 Umschlag; ab * stets wiederholen, 1 M rechts, 1 Umschlag, 2 M rechts überzogen zusammen, 2 M rechts, RandM.
11. Reihe: RandM, 1 M rechts, 2 M rechts zusammen, 1 Umschlag, 1 M rechts, * 2 M rechts, 1 Umschlag, 2 M rechts überzogen zusammen, 1 M rechts, 2 M rechts zusammen, 1 Umschlag, 1 M rechts; ab * stets wiederholen, 2 M rechts, 1 Umschlag, 2 M rechts überzogen zusammen, 1 M rechts, RandM.
13. Reihe: RandM, 4 M rechts, * 3 M rechts, 1 Umschlag, 3 M mit oben aufliegender MittelM rechts zusammen (= 2 M gemeinsam wie zum Rechtsstricken abheben, 1 M rechts, dann beide abgehobene M zusammen überziehen), 1 Umschlag, 2 M rechts; ab * stets wiederholen, 5 M rechts, RandM.
15. Reihe: RandM, * 1 M links, 2 M rechts überzogen zusammen (= 1 M wie zum Rechtsstricken abheben, 1 M rechts stricken, dann die abgehobene M überziehen), [1 M rechts, 1 Umschlag] 2x, 1 M rechts, 2 M rechts zusammen; ab * stets wiederholen, 1 M links, RandM.
17., 19. und 21. Reihe: Wie die 15. Reihe arbeiten.
23. Reihe: RandM, * 1 M rechts, 1 Umschlag, 2 M rechts überzogen zusammen, 3 M rechts, 2 M rechts zusammen, 1 Umschlag; ab * stets wiederholen, 1 M rechts, RandM.
25. Reihe: RandM, * 2 M rechts, 1 Umschlag, 2 M rechts überzogen zusammen, 1 M rechts, 2 M rechts zusammen, 1 Umschlag, 1 M rechts; ab * stets wiederholen, 1 M rechts, RandM.
27. Reihe: RandM, * 3 M rechts, 1 Umschlag, 3 M mit oben aufliegender MittelM rechts zusammen (= 2 M gemeinsam wie zum Rechtsstricken abheben, 1 M rechts, dann beide abgehobene M zusammen überziehen), 1 Umschlag, 2 M rechts; ab * stets wiederholen, 1 M rechts, RandM.

Die 1. – 28. Reihe stets wiederholen.

STRICKEN NACH STRICKSCHRIFT

In der Strickschrift sind die Hinreihen des Höhenrapportes notiert. Die Maschen sind so bezeichnet, wie sie gestrickt werden.
In den Hinreihen mit der RandM und den M vor dem rechten Pfeil beginnen, den Rapport von 8 M zwischen den Pfeilen stets wiederholen und mit den M und der RandM nach dem linken Pfeil enden.
In den Rückreihen alle M zwischen den RandM stricken, wie sie erscheinen.

Die 1. – 28. Reihe stets wiederholen.

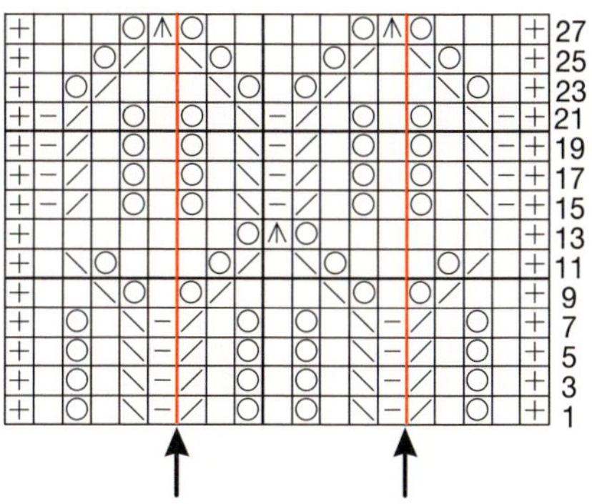

Zeichenerklärung:

+ = Randmasche
□ = 1 Masche rechts
– = 1 Masche links
O = 1 Umschlag
/ = 2 Maschen rechts zusammenstricken
\ = 2 Maschen rechts überzogen zusammenstricken (= 1 Masche wie zum Rechtsstricken abheben, 1 Masche rechts stricken, dann die abgehobene Masche überziehen)
∧ = 3 Maschen mit oben aufliegender Mittelmasche rechts zusammenstricken (= 2 Maschen gemeinsam wie zum Rechtsstricken abheben, 1 Masche rechts stricken, dann beide abgehobene Maschen zusammen überziehen)

Große Blätter

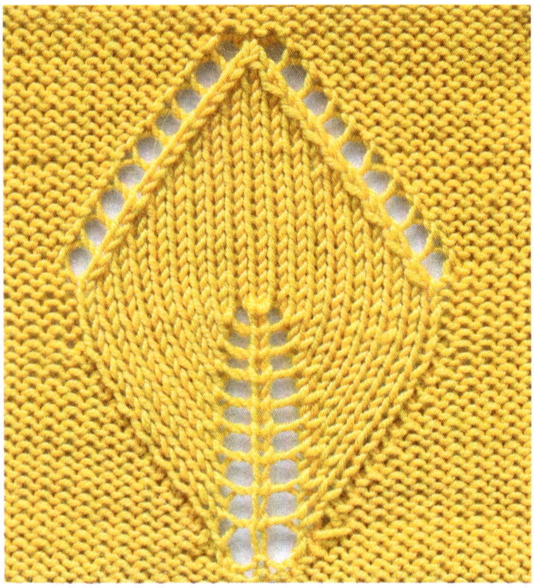

Schwierigkeitsgrad einfach
Kategorie große Blätter

Maschenzahl teilbar durch 21 + 2 Randmaschen.

STRICKEN NACH MUSTERBESCHREIBUNG

1. Reihe (Hinreihe): RandM, * 8 M links, 2 M links zusammen, 1 Umschlag, 1 M rechts, 1 Umschlag, 2 M links zusammen, 8 M links; ab * stets wiederholen, RandM.
2. Reihe (Rückreihe) und alle Rückreihen: Alle M stricken, wie sie erscheinen, und Umschläge links stricken.
3. Reihe: RandM, * 7 M links, 2 M links zusammen, [1 M rechts, 1 Umschlag] 2x, 1 M rechts, 2 M links zusammen, 7 M links; ab * stets wiederholen, RandM.
5. Reihe: RandM, * 6 M links, 2 M links zusammen, 2 M rechts, 1 Umschlag, 1 M rechts, 1 Umschlag, 2 M rechts, 2 M links zusammen, 6 M links; ab * stets wiederholen, RandM.
7. Reihe: RandM, * 5 M links, 2 M links zusammen, 3 M rechts, 1 Umschlag, 1 M rechts, 1 Umschlag, 3 M rechts, 2 M links zusammen, 5 M links; ab * stets wiederholen, RandM.
9. Reihe: RandM, * 4 M links, 2 M links zusammen, 4 M rechts, 1 Umschlag, 1 M rechts, 1 Umschlag, 4 M rechts, 2 M links zusammen, 4 M links; ab * stets wiederholen, RandM.
11. Reihe: RandM, * 3 M links, 2 M links zusammen, 5 M rechts, 1 Umschlag, 1 M rechts, 1 Umschlag, 5 M rechts, 2 M links zusammen, 3 M links; ab * stets wiederholen, RandM.
13. Reihe: RandM, * 2 M links, 2 M links zusammen, 6 M rechts, 1 Umschlag, 1 M rechts, 1 Umschlag, 6 M rechts, 2 M links zusammen, 2 M links; ab * stets wiederholen, RandM.
15. Reihe: RandM, * 1 M links, 2 M links zusammen, 7 M rechts, 1 Umschlag, 1 M rechts, 1 Umschlag, 7 M rechts, 2 M links zusammen, 1 M links; ab * stets wiederholen, RandM.
17. Reihe: RandM, * 2 M links zusammen, 8 M rechts, 1 Umschlag, 1 M rechts, 1 Umschlag, 8 M rechts, 2 M links zusammen; ab * stets wiederholen, RandM.
19. Reihe: RandM, * 1 M links, 19 M rechts, 1 M links; ab * stets wiederholen, RandM.
21. Reihe: Wie die 19. Reihe arbeiten.
23. Reihe: RandM, * 1 M links, 1 Umschlag, 2 M rechts überzogen zusammenstricken (= 1 Masche wie zum Rechtsstricken abheben, 1 Masche rechts stricken, dann die abgehobene Masche überziehen), 15 M rechts, 2 M rechts zusammen, 1 Umschlag, 1 M links; ab * stets wiederholen, RandM.
25. Reihe: RandM, * 2 M links, 1 Umschlag, 2 M rechts überzogen zusammen, 13 M rechts, 2 M rechts zusammen, 1 Umschlag, 2 M links; ab * stets wiederholen, RandM.
27. Reihe: RandM, * 3 M links, 1 Umschlag, 2 M rechts überzogen zusammen, 11 M rechts, 2 M rechts zusammen, 1 Umschlag, 3 M links; ab * stets wiederholen, RandM.
29. Reihe: RandM, * 4 M links, 1 Umschlag, 2 M rechts überzogen zusammen, 9 M rechts, 2 M rechts zusammen, 1 Umschlag, 4 M links; ab * stets wiederholen, RandM.
31. Reihe: RandM, * 5 M links, 1 Umschlag, 2 M rechts überzogen zusammen, 7 M rechts, 2 M rechts zusammen, 1 Umschlag, 5 M links; ab * stets wiederholen, RandM.
33. Reihe: RandM, * 6 M links, 1 Umschlag, 2 M rechts überzogen zusammen, 5 M rechts, 2 M

rechts zusammen, 1 Umschlag, 6 M links; ab * stets wiederholen, RandM.

35. Reihe: RandM, * 7 M links, 1 Umschlag, 2 M rechts überzogen zusammen, 3 M rechts, 2 M rechts zusammen, 1 Umschlag, 7 M links; ab * stets wiederholen, RandM.

37. Reihe: RandM, * 8 M links, 1 Umschlag, 2 M rechts überzogen zusammen, 1 M rechts, 2 M rechts zusammen, 1 Umschlag, 8 M links; ab * stets wiederholen, RandM.

39. Reihe: RandM, * 9 M links, 1 Umschlag, 3 M rechts zusammen, 1 Umschlag, 9 M links; ab * stets wiederholen, RandM.

1x die 1. – 40. Reihe arbeiten.

STRICKEN NACH STRICKSCHRIFT

In der Strickschrift sind die Hinreihen des Höhenrapportes notiert. Die Maschen sind so bezeichnet, wie sie gestrickt werden.
In den Hinreihen mit der RandM vor dem rechten Pfeil beginnen, den Rapport von 21 M zwischen den Pfeilen stets wiederholen und mit der RandM nach dem linken Pfeil enden.
In den Rückreihen alle M zwischen den RandM stricken, wie sie erscheinen, und Umschläge links stricken.

Die 1. – 40. Reihe stets wiederholen.

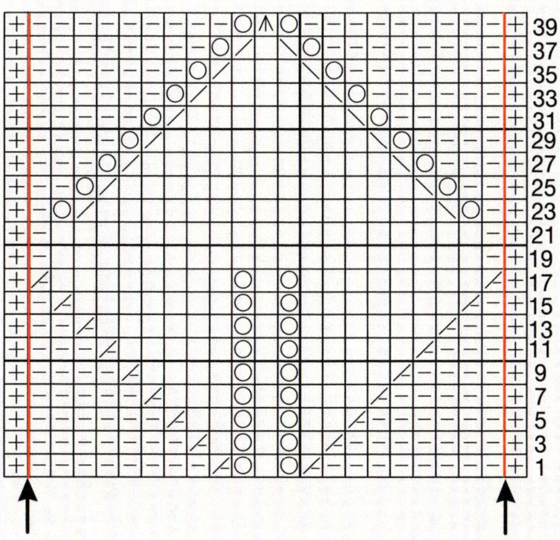

Zeichenerklärung:

- ⊞ = **Randmasche**
- □ = **1 Masche rechts**
- ⊟ = **1 Masche links**
- ◯ = **1 Umschlag**
- / = **2 Maschen rechts zusammenstricken**
- \ = **2 Maschen rechts überzogen zusammenstricken (= 1 Masche wie zum Rechtsstricken abheben, 1 Masche rechts stricken, dann die abgehobene Masche überziehen)**
- ⊿ = **2 Maschen links zusammenstricken**
- ⋀ = **3 Maschen rechts zusammenstricken**

Blattranke

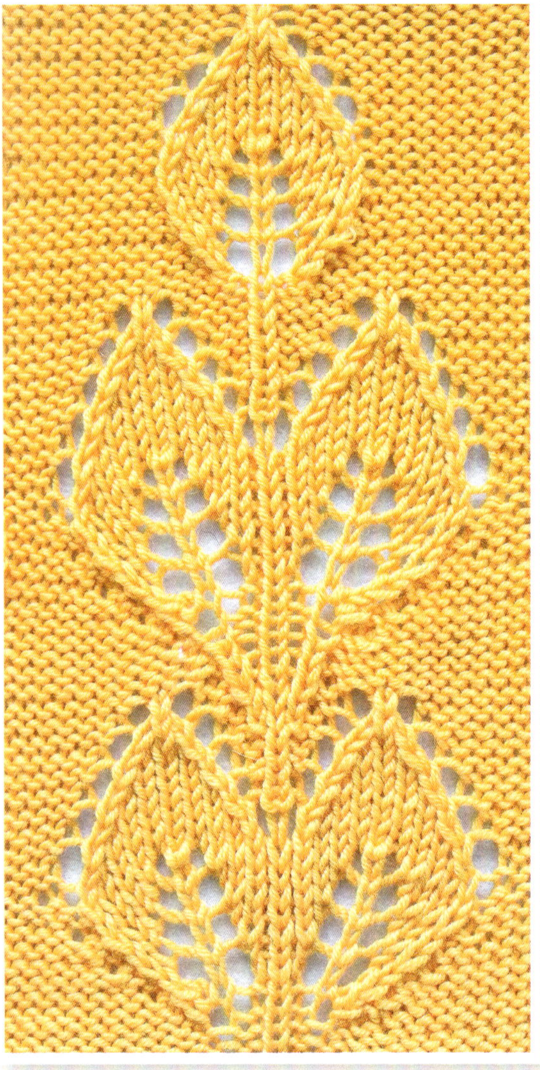

Schwierigkeitsgrad mittel
Kategorie Blätter

Maschenzahl in der 1. Reihe teilbar durch 21 + 2 Randmaschen. Die Maschenzahl des Rapports ändert sich von Reihe zu Reihe.

STRICKEN NACH MUSTERBESCHREIBUNG

1. Reihe (Hinreihe): RandM, alle M links, RandM.
2. Reihe (Rückreihe) und die folgenden Rückreihen: Alle M zwischen den RandM stricken, wie sie erscheinen, und Umschläge links stricken.
3. Reihe: Wie die 1. R arbeiten.
5. Reihe: RandM, * 8 M links, 3 M aus 1 M herausstricken (= 1 M rechts, 1 Umschlag, 1 M rechts), 1 M links, 1 M rechts, 1 M links, 3 M aus 1 M herausstricken, 8 M links; ab * stets wiederholen, RandM (= 23 M Rapport).
7. Reihe: RandM, * 6 M links, 2 M links zusammen, 2 M rechts zusammen, 1 Umschlag, 1 M rechts, 1 Umschlag, 1 M links, 1 M rechts, 1 M links, 1 Umschlag, 1 M rechts, 1 Umschlag, 2 Maschen rechts überzogen zusammen (= 1 M wie zum Rechtsstricken abheben, 1 M rechts, dann die abgehobene M überziehen), 2 M links zusammen, 6 M links; ab * stets wiederholen, RandM (= 25 M Rapport).
9. Reihe: RandM, * 4 M links, 2 M links zusammen, 2 M rechts zusammen, [1 M rechts, 1 Umschlag] 2x, 1 M rechts, 1 M links, 1 M rechts, 1 M links, [1 M rechts, 1 Umschlag] 2x, 1 M rechts, 2 M rechts überzogen zusammen, 2 M links zusammen, 4 M links; ab * stets wiederholen, RandM.
11. Reihe: RandM,* 2 M links, 2 M links zusammen, 2 M rechts zusammen, 2 M rechts, 1 Umschlag, 1 M rechts, 1 Umschlag, 2 M rechts, 1 M links, 1 M rechts, 1 M links, 2 M rechts, 1 Umschlag, 1 M rechts, 1 Umschlag, 2 M rechts, 2 Maschen rechts überzogen zusammen, 2 M links zusammen, 2 M links; ab * stets wiederholen, RandM.
13. Reihe: RandM, * 2 M links zusammen, 2 M rechts zusammen, 3 M rechts, 1 Umschlag, 1 M rechts, 1 Umschlag, 3 M rechts, 1 M links, 1 M rechts, 1 M links, 3 M rechts, 1 Umschlag, 1 M rechts, 1 Umschlag, 3 M rechts, 2 Maschen rechts überzogen zusammen, 2 M links zusammen; ab * stets wiederholen, RandM.
15. Reihe: RandM, * 1 M links, 1 Umschlag, 2 M rechts überzogen zusammen, 7 M rechts, 2 M rechts überzogen zusammen, 1 Umschlag, 1 M rechts, 1 Umschlag, 2 M rechts zusammen, 7 M

rechts, 2 M rechts zusammen, 1 Umschlag, 1 M links; ab * stets wiederholen, RandM.
16. Reihe (Rückreihe) und die folgenden Rückreihen: Alle M zwischen den RandM stricken, wie sie erscheinen, und Umschläge rechts stricken.
17. Reihe: RandM, * 2 M links, 1 Umschlag, 2 M rechts überzogen zusammen, 5 M rechts, 2 M rechts zusammen, 1 Umschlag, 1 M links, 1 M rechts, 1 M links, 1 Umschlag, 2 M rechts überzogen zusammen, 5 M rechts, 2 M rechts zusammen, 1 Umschlag, 2 M links; ab * stets wiederholen, RandM.
19. Reihe: RandM, * 3 M links, 1 Umschlag, 2 M rechts überzogen zusammen, 3 M rechts, 2 M rechts zusammen, 1 Umschlag, 2 M links, 1 M rechts, 2 M links, 1 Umschlag, 2 M rechts überzogen zusammen, 3 M rechts, 2 M rechts zusammen, 1 Umschlag, 3 M links; ab * stets wiederholen, RandM.
21. Reihe: RandM, * 4 M links, 1 Umschlag, 2 M rechts überzogen zusammen, 1 M rechts, 2 M rechts zusammen, 1 Umschlag, 2 M links, 3 M rechts, 2 M links, 1 Umschlag, 2 M rechts überzogen zusammen, 1 M rechts, 2 M rechts zusammen, 1 Umschlag, 4 M links; ab * stets wiederholen, RandM.
23. Reihe: RandM, * 5 M links, 1 Umschlag, 3 M mit oben aufliegender MittelM rechts überzogen zusammen (= 2 M gemeinsam wie zum Rechtsstricken abheben, 1 M rechts stricken, dann die beiden abgehobenen M zusammen überziehen), 1 Umschlag, 2 M links, 1 M auf eine Hilfsnadel hinter die Arbeit legend, 1 M rechts, dann die M der Hilfsnadel links stricken, 1 M rechts, 1 M auf eine Hilfsnadel vor die Arbeit legen, 1 M links, dann die M der Hilfsnadel rechts stricken, 2 M links, 1 Umschlag, 3 M mit oben aufliegender MittelM rechts überzogen zusammen, 1 Umschlag, 5 M links; ab * stets wiederholen, RandM.
25. Reihe: RandM, * 9 M links, 2 M rechts zusammen, 1 M links, 1 M rechts, 1 M links, 2 M rechts überzogen zusammen, 9 M links; ab * stets wiederholen, RandM (= 23 M Rapport).
26. Reihe (Rückreihe) und die folgenden Rückreihen: Alle M zwischen den RandM stricken, wie sie erscheinen, und Umschläge links stricken.
27. Reihe: RandM, * 7 M links, 2 M links zusammen, 3 M aus 1 M herausstricken, 1 M links, 1 M rechts, 1 M links, 3 M aus 1 M herausstricken, 2 M links zusammen, 7 M links; ab * stets wiederholen, RandM.
29. - 44. Reihe: Wie die 7. – 22. Reihe arbeiten.
45. Reihe: RandM, * 5 M links, 1 Umschlag, 3 M mit oben aufliegender MittelM rechts überzogen zusammen, 1 Umschlag, 4 M links, 1 M rechts, 4 M links, 1 Umschlag, 3 M mit oben aufliegender MittelM rechts überzogen zusammen, 1 Umschlag, 5 M links; ab * stets wiederholen, RandM.
46. Reihe (Rückreihe): Alle M zwischen den RandM stricken, wie sie erscheinen, und Umschläge rechts stricken.
47. Reihe: RandM, * 10 M links, 2 M rechts zusammen, 1 Umschlag, 1 M rechts, 1 Umschlag, 2 M rechts überzogen zusammen, 10 M links; ab * stets wiederholen, RandM.
48. Reihe (Rückreihe) und die folgenden Rückreihen: Alle M zwischen den RandM stricken, wie sie erscheinen, und Umschläge links stricken.
49. Reihe: RandM, * 9 M links, 2 M rechts zusammen, [1 M rechts, 1 Umschlag] 2x, 1 M rechts, 2 M rechts überzogen zusammen, 9 M links; ab * stets wiederholen, RandM.
51. Reihe: RandM, * 8 M links, 2 M rechts zusammen, 2 M rechts, 1 Umschlag, 1 M rechts, 1 Umschlag, 2 M rechts, 2 M rechts überzogen zusammen, 8 M links; ab * stets wiederholen, RandM.
53. Reihe: RandM, * 7 M links, 2 M rechts zusammen, 3 M rechts, 1 Umschlag, 1 M rechts, 1 Umschlag, 3 M rechts, 2 M rechts überzogen zusammen, 7 M links; ab * stets wiederholen, RandM.
55. Reihe: RandM, * 7 M links, 2 M rechts überzogen zusammen, 7 M rechts, 2 M rechts zusammen, 7 M links; ab * stets wiederholen, RandM (= 23 M Rapport).
57. Reihe: RandM, * 7 M links, 1 Umschlag, 2 M rechts überzogen zusammen, 5 M rechts, 2 M rechts zusammen, 1 Umschlag, 7 M links; ab * stets wiederholen, RandM.
58. Reihe (Rückreihe) und die folgenden Rückreihen: Alle M zwischen den RandM stricken, wie sie erscheinen, und Umschläge rechts stricken.

59. Reihe: RandM, * 8 M links, 1 Umschlag, 2 M rechts überzogen zusammen, 3 M rechts, 2 M rechts zusammen, 1 Umschlag, 8 M links; ab * stets wiederholen, RandM.
61. Reihe: RandM, * 9 M links, 1 Umschlag, 2 M rechts überzogen zusammen, 1 M rechts, 2 M rechts zusammen, 1 Umschlag, 9 M links; ab * stets wiederholen, RandM.
63. Reihe: RandM, * 10 M links, 3 Maschen mit oben aufliegender MittelM rechts überzogen zusammen, 10 M links; ab * stets wiederholen, RandM.

1x die 1. – 64. Reihe arbeiten.

Um das Muster zu verlängern, 1x die 1. – 28. Reihe arbeiten, dann die 7. – 28. Reihe stets wiederholen und mit der 29. – 64. Reihe enden.

STRICKEN NACH STRICKSCHRIFT

In der Strickschrift sind die Hinreihen notiert. Die Maschen sind so bezeichnet, wie sie gestrickt werden.
In den Hinreihen mit der RandM vor dem rechten Pfeil beginnen, den Rapport zwischen den Pfeilen stets wiederholen und mit der RandM nach dem linken Pfeil enden.
In den Rückreihen alle M zwischen den RandM stricken, wie sie erscheinen, und Umschläge stricken, wie in der Strickschrift beschrieben.

1x die 1. – 64. Reihe arbeiten.

Um das Muster zu verlängern, 1x die 1. – 28. Reihe arbeiten, dann die 7. – 28. Reihe stets wiederholen und mit der 29. – 64. Reihe enden.

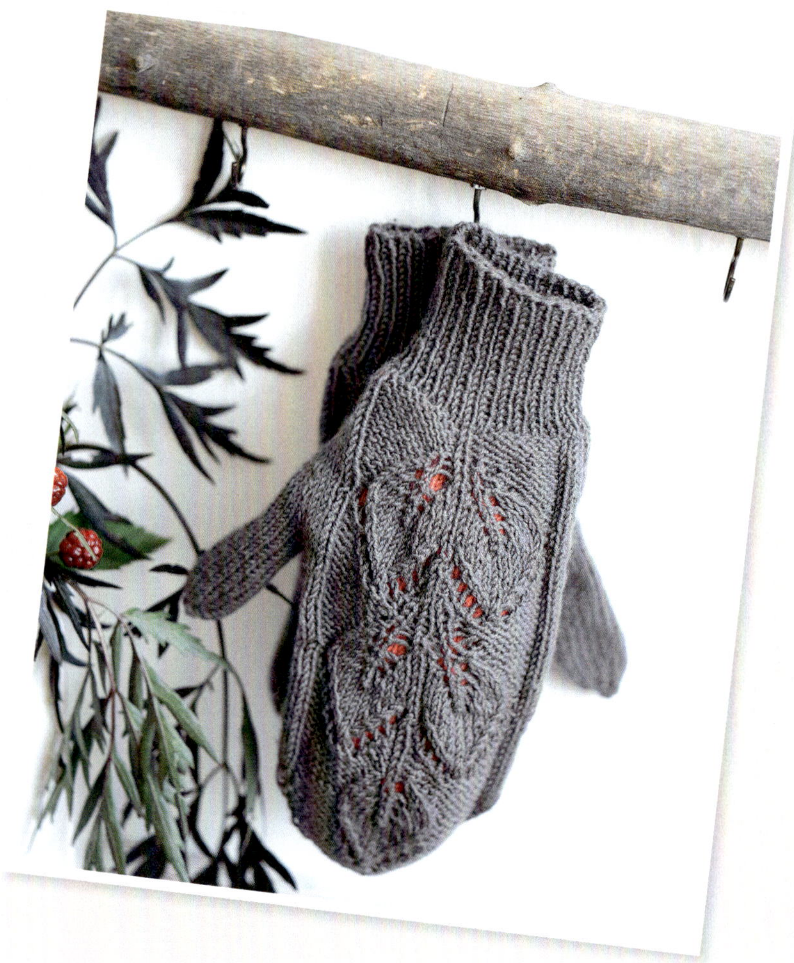

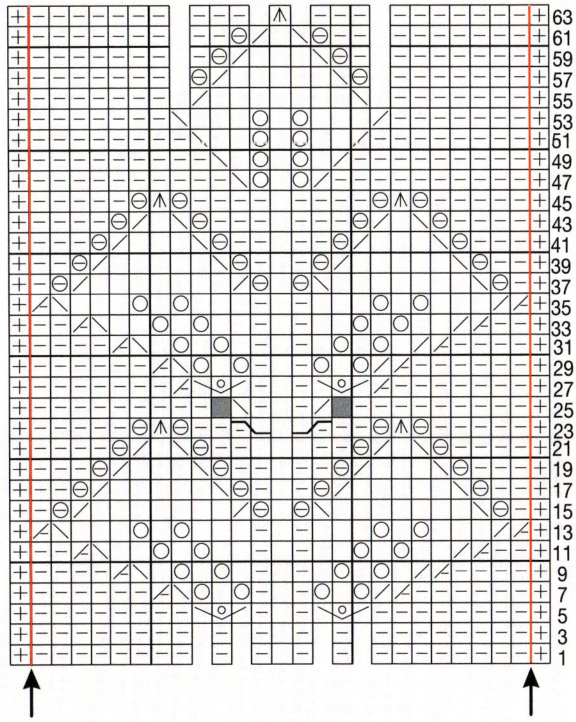

Zeichenerklärung:

- = Randmasche
- = 1 Masche rechts
- = 1 Masche links
- = keine Bedeutung, Masche nicht vorhanden
- = 1 Umschlag (in der folgenden Rückreihe links stricken)
- = 1 Umschlag (in der folgenden Rückreihe rechts stricken)
- = 2 Maschen rechts zusammenstricken
- = 2 Maschen links zusammenstricken
- = 2 Maschen rechts überzogen zusammenstricken (= 1 Masche wie zum Rechtsstricken abheben, 1 Masche rechts stricken, dann die abgehobene Masche überziehen)
- = 3 Maschen mit oben aufliegender Mittelmasche rechts überzogen zusammenstricken (= 2 Maschen gemeinsam wie zum Rechtsstricken abheben, 1 Masche rechts stricken, dann die beiden abgehobenen Maschen zusammen überziehen)
- = 1 Masche auf eine Hilfsnadel vor die Arbeit legen, 1 Maschen links stricken, dann die Masche der Hilfsnadel rechts stricken
- = 1 Masche auf eine Hilfsnadel hinter die Arbeit legen, 1 Masche rechts stricken, dann die Masche der Hilfsnadel links stricken
- = 3 Maschen aus 1 Masche herausstricken (= 1 Masche rechts, 1 Umschlag, 1 Masche rechts)

Rautenblätter

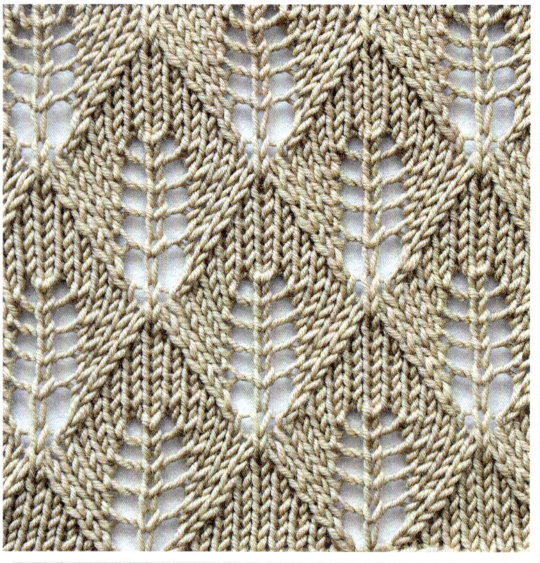

Schwierigkeitsgrad einfach – mittel
Kategorie Blattmuster

Maschenzahl teilbar durch 12 + 1 M + 2 Randmaschen.

STRICKEN NACH MUSTERBESCHREIBUNG

1. Reihe (Hinreihe): RandM, * 1 M rechts, 1 Umschlag, 2 M rechts überzogen zusammen (= 1 M wie zum Rechtsstricken abheben, 1 M rechts, dann die abgehobene M überziehen), 7 M rechts, 2 M rechts zusammen, 1 Umschlag; ab * stets wiederholen, 1 M rechts, RandM.
2. Reihe (Rückreihe) und alle folgenden Rückreihen: Alle M und Umschläge zwischen den RandM links stricken stricken.
3. Reihe: RandM, * 1 M rechts, 1 Umschlag, 1 M rechts, 2 M rechts überzogen zusammen, 5 M rechts, 2 M rechts zusammen, 1 M rechts, 1 Umschlag; ab * stets wiederholen, 1 M rechts, RandM.
5. Reihe: RandM, * 1 M rechts, 1 Umschlag, 2 M rechts, 2 M rechts überzogen zusammen, 3 M rechts, 2 M rechts zusammen, 2 M rechts, 1 Umschlag; ab * stets wiederholen, 1 M rechts, RandM.
7. Reihe: RandM, * 1 M rechts, 1 Umschlag, 3 M rechts, 2 M rechts überzogen zusammen, 1 M rechts, 2 M rechts zusammen, 3 M rechts, 1 Umschlag; ab * stets wiederholen, 1 M rechts, RandM.
9. Reihe: RandM, * 1 M rechts, 1 Umschlag, 4 M rechts, 3 M mit oben auf liegender MittelM rechts zusammen (= 2 M gemeinsam wie zum Rechtsstricken abheben, 1 M rechts stricken, dann beide abgehobene M zusammen überziehen), 4 M rechts, 1 Umschlag; ab * stets wiederholen, 1 M rechts, RandM.
11. Reihe: RandM, 4 M rechts, 2 M rechts zusammen, 1 Umschlag, * 1 M rechts, 1 Umschlag, 2 M rechts überzogen zusammen, 7 M rechts, 2 M rechts zusammen, 1 Umschlag; ab * stets wiederholen, 1 M rechts, 1 Umschlag, 2 M rechts überzogen zusammen, 4 M rechts, RandM.
13. Reihe: RandM, 3 M rechts, 2 M rechts zusammen, 1 M rechts, 1 Umschlag, * 1 M rechts, 1 Umschlag, 1 M rechts, 2 M rechts überzogen zusammen, 5 M rechts, 2 M rechts zusammen, 1 M rechts, 1 Umschlag; ab * stets wiederholen, 1 M rechts, 1 Umschlag, 1 M rechts, 2 M rechts überzogen zusammen, 3 M rechts, RandM.
15. Reihe: RandM, 2 M rechts, 2 M rechts zusammen, 2 M rechts, 1 Umschlag, * 1 M rechts, 1 Umschlag, 2 M rechts, 2 M rechts überzogen zusammen, 3 M rechts, 2 M rechts zusammen, 2 M rechts, 1 Umschlag; ab * stets wiederholen, 1 M rechts, 1 Umschlag, 2 M rechts, 2 M rechts überzogen zusammen, 2 M rechts, RandM.
17. Reihe: RandM, 1 M rechts, 2 M rechts zusammen, 3 M rechts, 1 Umschlag, * 1 M rechts, 1 Umschlag, 3 M rechts, 2 M rechts überzogen zusammen, 1 M rechts, 2 M rechts zusammen, 3 M rechts, 1 Umschlag; ab * stets wiederholen, 1 M rechts, 1 Umschlag, 3 M rechts, 2 M rechts überzogen zusammen, 1 M rechts, RandM.
19. Reihe: RandM, 2 M rechts zusammen, 4 M rechts, 1 Umschlag, * 1 M rechts, 1 Umschlag, 4 M rechts, 3 M mit oben auf liegender MittelM rechts zusammen, 4 M rechts, 1 Umschlag; ab * stets wiederholen, 1 M rechts, 1 Umschlag, 4 M rechts, 2 M rechts überzogen zusammen, RandM.

Die 1. – 20. Reihe stets wiederholen.

STRICKEN NACH STRICKSCHRIFT

In der Strickschrift sind die Hinreihen des Höhenrapportes notiert. Die Maschen sind so bezeichnet, wie sie gestrickt werden.
In den Hinreihen mit der RandM und den M vor dem rechten Pfeil beginnen, den Rapport von 12 M zwischen den Pfeilen stets wiederholen und mit den M und der RandM nach dem linken Pfeil enden.
In den Rückreihen alle M und Umschläge zwischen den RandM links stricken.

Die 1. – 20. Reihe stets wiederholen.

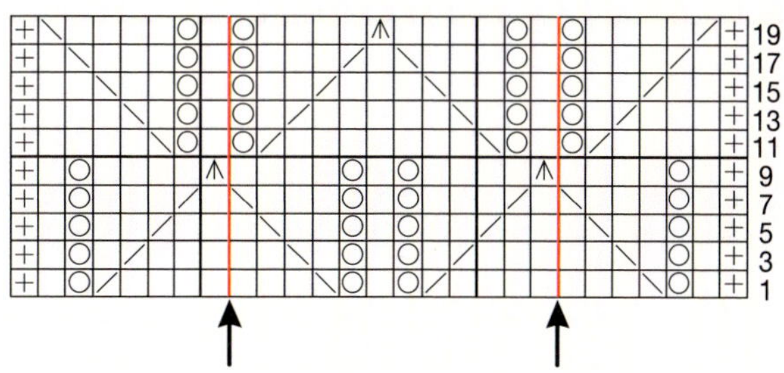

Zeichenerklärung:

+ = Randmasche

□ = 1 Masche rechts

○ = 1 Umschlag

/ = 2 Maschen rechts zusammenstricken

\ = 2 Maschen rechts überzogen zusammenstricken (= 1 Masche wie zum Rechtsstricken abheben, 1 Masche rechts stricken, dann die abgehobene Masche überziehen)

⋀ = 3 Maschen mit oben auf liegender Mittelmasche rechts zusammenstricken (= 2 Maschen gemeinsam wie zum Rechtsstricken abheben, 1 Masche rechts stricken, dann beide abgehobene Maschen zusammen überziehen)

Blätterranke

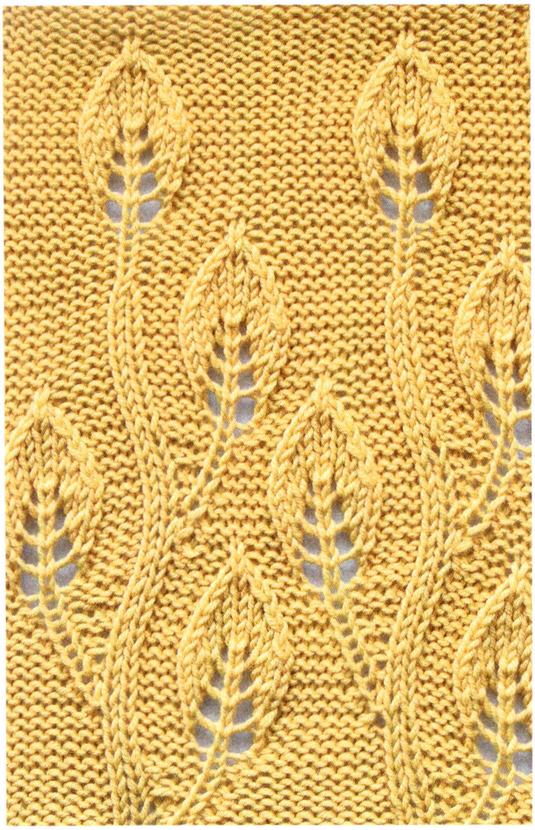

Schwierigkeitsgrad mittel
Kategorie Blätter

Maschenzahl in der 1. Reihe teilbar durch 14 + 2 Randmaschen. Die Maschenzahl des Rapports ändert sich von Reihe zu Reihe.

STRICKEN NACH MUSTERBESCHREIBUNG

1. Reihe (Hinreihe): RandM, * 3 M links, 2 M links zusammen, 2 M aus 1 M herausstricken (= 1 M rechts, 1 M links), 2 M rechts, 6 M links; ab * stets wiederholen, RandM.
2. Reihe (Rückreihe) und alle folgenden Rückreihen: Alle M zwischen den RandM stricken, wie sie erscheinen, und Umschläge links stricken.
3. Reihe: RandM, * 2 M links, 2 M links zusammen, 1 M rechts, 2 M aus 1 M herausstricken (= 1 M links, 1 M links verschränkt), 2 M rechts, 6 M links; ab * stets wiederholen, RandM.
5. Reihe: RandM, * 1 M links, 2 M links zusammen, 1 M rechts, 1 M links, 2 M aus 1 M herausstricken (= 1 M links, 1 M links verschränkt), 2 M rechts, 6 M links; ab * stets wiederholen, RandM.
7. Reihe: RandM, * 2 M links zusammen, 1 M rechts, 2 M links, 2 M aus 1 M herausstricken (= 1 M links, 1 M links verschränkt), 2 M rechts, 6 M links; ab * stets wiederholen, RandM.
9. Reihe: RandM, * 1 M links, 1 Umschlag, 1 M rechts, 1 Umschlag, 4 M links, 2 M rechts, 6 M links; ab * stets wiederholen, RandM (= 16 M Rapport).
11. Reihe: RandM, * 1 M links, [1 M rechts, 1 Umschlag] 2x, 1 M rechts, 4 M links, 1 M rechts, 2 M aus 1 M herausstricken (= 1 M rechts, 1 M rechts verschränkt), 2 M links zusammen, 4 M links; ab * stets wiederholen, RandM (= 18 M Rapport).
13. Reihe: RandM, * 1 M links, 2 M rechts, 1 Umschlag, 1 M rechts, 1 Umschlag, 2 M rechts, 4 M links, 2 M rechts, 2 M aus 1 M herausstricken (= 1 M links, 1 M rechts), 2 M links zusammen, 3 M links; ab * stets wiederholen, RandM (= 20 M Rapport).
15. Reihe: RandM, * 1 M links, 3 M rechts, 1 Umschlag, 1 M rechts, 1 Umschlag, 3 M rechts, 4 M links, 2 M rechts, 2 M aus 1 M herausstricken (= 1 M links, 1 M links verschränkt), 1 M rechts, 2 M links zusammen, 2 M links; ab * stets wiederholen, RandM (= 22 M Rapport).
17. Reihe: RandM, * 1 M links, 2 M rechts überzogen zusammen (= 1 M wie zum Rechtsstricken abheben, 1 M rechts stricken, dann die abgehobene M überziehen), 5 M rechts, 2 M rechts zusammen, 4 M links, 2 M rechts, 2 M aus 1 M herausstricken (= 1 M links, 1 M links verschränkt), 1 M links, 1 M rechts, 2 M links zusammen, 1 M links; ab * stets wiederholen, RandM (= 20 M Rapport).
19. Reihe: RandM, * 1 M links, 2 M rechts überzogen zusammen, 3 M rechts, 2 M rechts zusammen, 4 M links, 2 M rechts, 2 M aus 1 M herausstricken (= 1 M links, 1 M links verschränkt), 2 M links, 1 M rechts, 2 M links zusammen; ab * stets wiederholen, RandM (= 18 M Rapport).
21. Reihe: RandM, * 1 M links, 2 M rechts überzogen zusammen, 1 M rechts, 2 M rechts

zusammen, 4 M links, 2 M rechts, 4 M links, 1 Umschlag, 1 M rechts, 1 Umschlag, 1 M links; ab * stets wiederholen, RandM.

23. Reihe: RandM, * 1 M links, 3 M mit oben aufliegender MittelM rechts zusammen (= 2 M gemeinsam wie zum Rechtsstricken abheben, 1 M rechts stricken, dann beide abgehobene M zusammen überziehen), 2 M links, 2 M links zusammen, 2 M aus 1 M herausstricken (= 1 M rechts, 1 M rechts verschränkt), 1 M rechts, 4 M links, [1 M rechts, 1 Umschlag] 2x, 1 M rechts, 1 M links; ab * stets wiederholen, RandM.

25. Reihe: RandM, * 3 M links, 2 M links zusammen, 2 M aus 1 M herausstricken (= 1 M rechts, 1 M links), 2 M rechts, 4 M links, 2 M rechts, 1 Umschlag, 1 M rechts, 1 Umschlag, 2 M rechts, 1 M links; ab * stets wiederholen, RandM (= 20 M Rapport).

27. Reihe: RandM, * 2 M links, 2 M links zusammen, 1 M rechts, 2 M aus 1 M herausstricken (= 1 M links, 1 M links verschränkt), 2 M rechts, 4 M links, 3 M rechts, 1 Umschlag, 1 M rechts, 1 Umschlag, 3 M rechts, 1 M links; ab * stets wiederholen, RandM (= 22 M Rapport).

29. Reihe: RandM, * 1 M links, 2 M links zusammen, 1 M rechts, 1 M links, 2 M aus 1 M herausstricken (= 1 M links, 1 M links verschränkt), 2 M rechts, 4 M links, 2 M rechts überzogen zusammen, 5 M rechts, 2 M rechts zusammen, 1 M links; ab * stets wiederholen, RandM (= 20 M Rapport).

31. Reihe: RandM, * 2 M links zusammen, 1 M rechts, 2 M links, 2 M aus 1 M herausstricken (= 1 M links, 1 M links verschränkt), 2 M rechts, 4 M links, 2 M rechts überzogen zusammen, 3 M rechts, 2 M rechts zusammen, 1 M links; ab * stets wiederholen, RandM (= 18 M Rapport).

33. Reihe: RandM, * 1 M links, 1 Umschlag, 1 M rechts, 1 Umschlag, 4 M links, 2 M rechts, 4 M links, 2 M rechts überzogen zusammen, 1 M rechts, 2 M rechts zusammen, 1 M links; ab * stets wiederholen, RandM.

35. Reihe: RandM, * 1 M links, [1 M rechts, 1 Umschlag] 2x, 1 M rechts, 4 M links, 1 M rechts, 2 M aus 1 M herausstricken (= 1 M rechts, 1 M rechts verschränkt), 2 M links zusammen, 2 M links, 3 M mit oben aufliegender MittelM rechts zusammen, 1 M links; ab * stets wiederholen, RandM.

37. Reihe: RandM, * 1 M links, 2 M rechts, 1 Umschlag, 1 M rechts, 1 Umschlag, 2 M rechts, 4 M links, 2 M rechts, 2 M aus 1 M herausstricken (= 1 M links, 1 M rechts), 2 M links zusammen, 3 M links; ab * stets wiederholen, RandM (= 20 M Rapport).

39. Reihe: RandM, * 1 M links, 3 M rechts, 1 Umschlag, 1 M rechts, 1 Umschlag, 3 M rechts, 4 M links, 2 M rechts, 2 M aus 1 M herausstricken (= 1 M links, 1 M links verschränkt), 1 M rechts, 2 M links zusammen, 2 M links; ab * stets wiederholen, RandM (= 22 M Rapport).

41. Reihe: RandM, * 1 M links, 2 M rechts überzogen zusammen, 5 M rechts, 2 M rechts zusammen, 4 M links, 2 M rechts, 2 M aus 1 M herausstricken (= 1 M links, 1 M links verschränkt), 1 M links, 1 M rechts, 2 M links zusammen, 1 M links; ab * stets wiederholen, RandM (= 20 M Rapport).

43. Reihe: RandM, * 1 M links, 2 M rechts überzogen zusammen, 3 M rechts, 2 M rechts zusammen, 4 M links, 2 M rechts, 2 M aus 1 M herausstricken (= 1 M links, 1 M links verschränkt), 2 M links, 1 M rechts, 2 M links zusammen; ab * stets wiederholen, RandM (= 18 M Rapport).

45. Reihe: RandM, * 1 M links, 2 M rechts überzogen zusammen, 1 M rechts, 2 M rechts zusammen, 4 M links, 2 M rechts, 4 M links, 1 Umschlag, 1 M rechts, 1 Umschlag, 1 M links; ab * stets wiederholen, RandM.

47. Reihe: RandM, * 1 M links, 3 M mit oben aufliegender MittelM rechts zusammen, 2 M links, 2 M links zusammen, 2 M aus 1 M heraustricken (= 1 M rechts, 1 M rechts verschränkt), 1 M rechts, 4 M links, [1 M rechts, 1 Umschlag] 2x, 1 M rechts, 1 M links; ab * stets wiederholen, RandM.

49. Reihe: RandM, * 3 M links, 2 M links zusammen, 2 M aus 1 M herausstricken (= 1 M rechts, 1 M links), 2 M rechts, 4 M links, 2 M rechts, 1 Umschlag, 1 M rechts, 1 Umschlag, 2 M rechts, 1 M links; ab * stets wiederholen, RandM (= 20 M Rapport).

51. Reihe: RandM, * 2 M links, 2 M links zusammen, 1 M rechts, 2 M aus 1 M herausstricken (= 1 M links, 1 M links verschränkt), 2 M rechts, 4 M links, 3 M rechts, 1 Umschlag, 1 M rechts, 1 Umschlag, 3 M rechts, 1 M links; ab * stets wiederholen, RandM (= 22 M Rapport).

53. Reihe: RandM, * 1 M links, 2 M links zusammen, 1 M rechts, 1 M links, 2 M aus 1 M herausstricken (= 1 M links, 1 M links verschränkt), 2 M rechts, 4 M links, 2 M rechts überzogen zusammen, 5 M rechts, 2 M rechts zusammen, 1 M links; ab * stets wiederholen, RandM (= 20 M Rapport).
55. Reihe: RandM, * 2 M links zusammen, 1 M rechts, 2 M links, 2 M aus 1 M herausstricken (= 1 M links, 1 M links verschränkt), 2 M rechts, 4 M links, 2 M rechts überzogen zusammen, 3 M rechts, 2 M rechts zusammen, 1 M links; ab * stets wiederholen, RandM (= 18 M Rapport).
57. Reihe: RandM, * 1 M links, 1 Umschlag, 1 M rechts, 1 Umschlag, 4 M links, 2 M rechts, 4 M links, 2 M rechts überzogen zusammen, 1 M rechts, 2 M rechts zusammen, 1 M links; ab * stets wiederholen, RandM.
59. Reihe: RandM, * 1 M links, [1 M rechts, 1 Umschlag] 2x, 1 M rechts, 4 M links, 2 M rechts, 4 M links, 3 M mit oben aufliegender MittelM rechts zusammen, 1 M links; ab * stets wiederholen, RandM.
61. Reihe: RandM, * 1 M links, 2 M rechts, 1 Umschlag, 1 M rechts, 1 Umschlag, 2 M rechts, 4 M links, 2 M rechts, 6 M links; ab * stets wiederholen, RandM (= 20 M Rapport).
63. Reihe: RandM, * 1 M links, 3 M rechts, 1 Umschlag, 1 M rechts, 1 Umschlag, 3 M rechts, 4 M links, 2 M rechts, 6 M links; ab * stets wiederholen, RandM (= 22 M Rapport).
65. Reihe: RandM, * 1 M links, 2 M rechts überzogen zusammen, 5 M rechts, 2 M rechts zusammen, 4 M links, 2 M rechts, 6 M links; ab * stets wiederholen, RandM (= 20 M Rapport).
67. Reihe: RandM, * 1 M links, 2 M rechts überzogen zusammen, 3 M rechts, 2 M rechts zusammen, 4 M links, 2 M rechts zusammen, 6 M links; ab * stets wiederholen, RandM (= 17 M Rapport).
69. Reihe: RandM, * 1 M links, 2 M rechts überzogen zusammen, 1 M rechts, 2 M rechts zusammen, 4 M links, 1 M rechts, 6 M links; ab * stets wiederholen, RandM (= 15 M Rapport).
71. Reihe: RandM, * 1 M links, 3 M mit oben aufliegender MittelM rechts zusammen, 4 M links, 1 M rechts, 6 M links; ab * stets wiederholen, RandM.
73. Reihe: RandM, * 6 M links, 1 Umschlag, 1 M rechts, 1 Umschlag, 6 M links; ab * stets wiederholen, RandM (= 15 M Rapport).
75. Reihe: RandM, * 6 M links, [1 M rechts, 1 Umschlag] 2x, 1 M rechts, 6 M links; ab * stets wiederholen, RandM (= 17 M Rapport).
77. Reihe: RandM, * 6 M links, 2 M rechts, 1 Umschlag, 1 M rechts, 1 Umschlag, 2 M rechts, 6 M links; ab * stets wiederholen, RandM (= 19 M Rapport).
79. Reihe: RandM, * 6 M links, 3 M rechts, 1 Umschlag, 1 M rechts, 1 Umschlag, 3 M rechts, 6 M links; ab * stets wiederholen, RandM (= 21 M Rapport).
81. Reihe: RandM, * 6 M links, 2 M rechts überzogen zusammen, 5 M rechts, 2 M rechts zusammen, 6 M links; ab * stets wiederholen, RandM (= 19 M Rapport).
83. Reihe: RandM, * 6 M links, 2 M rechts überzogen zusammen, 3 M rechts, 2 M rechts zusammen, 6 M links; ab * stets wiederholen, RandM (= 17 M Rapport).
85. Reihe: RandM, * 6 M links, 2 M rechts überzogen zusammen, 1 M rechts, 2 M rechts zusammen, 6 M links; ab * stets wiederholen, RandM (= 15 M Rapport).
87. Reihe: RandM, * 6 M links, 3 Maschen mit oben aufliegender MittelM rechts zusammen, 6 M links; ab * stets wiederholen, RandM (= 13 M Rapport).

1x die 1. – 88. Reihe arbeiten.

Um das Muster zu verlängern, 1x die 1. – 48. Reihe arbeiten, dann die 25. – 48. Reihe stets wiederholen und mit der 49. – 88. Reihe enden.

STRICKEN NACH STRICKSCHRIFT

In der Strickschrift sind die Hinreihen notiert. Die Maschen sind so bezeichnet, wie sie gestrickt werden.
In den Hinreihen mit der RandM vor dem rechten Pfeil beginnen, den Rapport zwischen den Pfeilen stets wiederholen und mit der RandM nach dem linken Pfeil enden.
In den Rückreihen die M zwischen den RandM stricken, wie sie erscheinen, und Umschläge links stricken.

1x die 1. – 88. Reihe arbeiten.

Um das Muster zu verlängern, 1x die 1. – 48. Reihe arbeiten, dann die 25. – 48. Reihe stets wiederholen und mit der 49. – 88. Reihe enden.

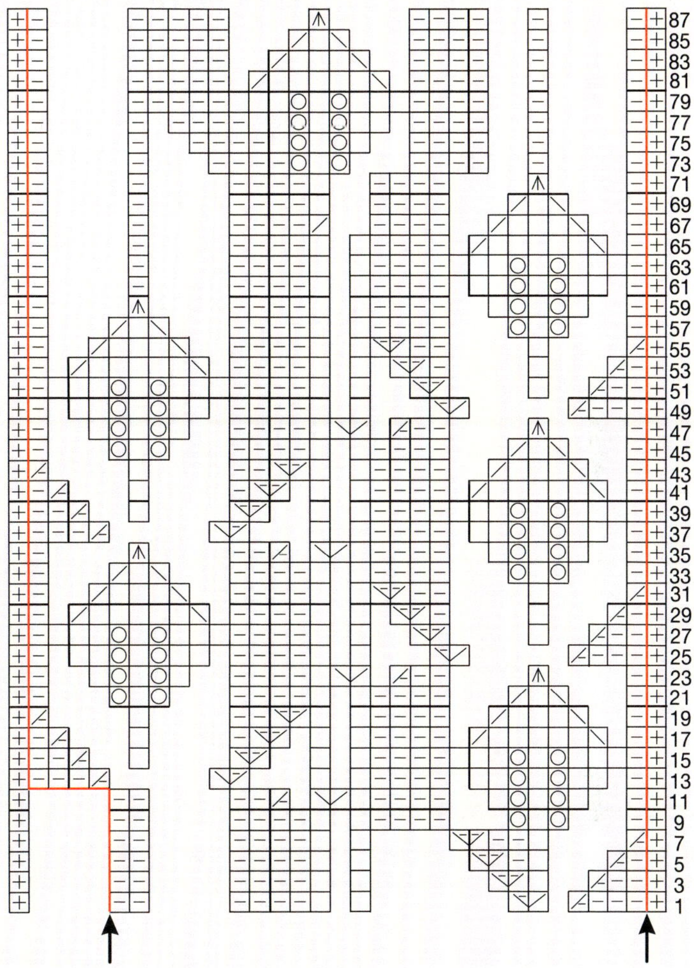

Zeichenerklärung:

- + = **Randmasche**
- □ = **1 Masche rechts**
- – = **1 Masche links**
- ○ = **1 Umschlag**
- / = **2 Maschen rechts zusammenstricken**
- \ = **2 Maschen rechts überzogen zusammenstricken (= 1 Masche wie zum Rechtsstricken abheben, 1 Masche rechts stricken, dann die abgehobene Masche überziehen)**
- ⁄– = **2 Maschen links zusammenstricken**
- Λ = **3 Maschen mit oben aufliegender Mittelmasche rechts zusammenstricken (= 2 Maschen gemeinsam wie zum Rechtsstricken abheben, 1 Masche rechts stricken, dann beide abgehobene Maschen zusammen überziehen)**
- = **2 rechte Maschen aus 1 Masche herausstricken (= 1 Masche rechts, 1 Masche rechts verschränkt)**
- = **2 linke Maschen aus 1 Masche herausstricken (= 1 Masche links, 1 Masche links verschränkt)**
- = **2 Maschen aus 1 Masche herausstricken (= 1 Masche links, 1 Masche rechts verschränkt)**
- = **2 Maschen aus 1 Masche herausstricken (= 1 Masche rechts, 1 Masche links verschränkt)**

Blätter im Wind

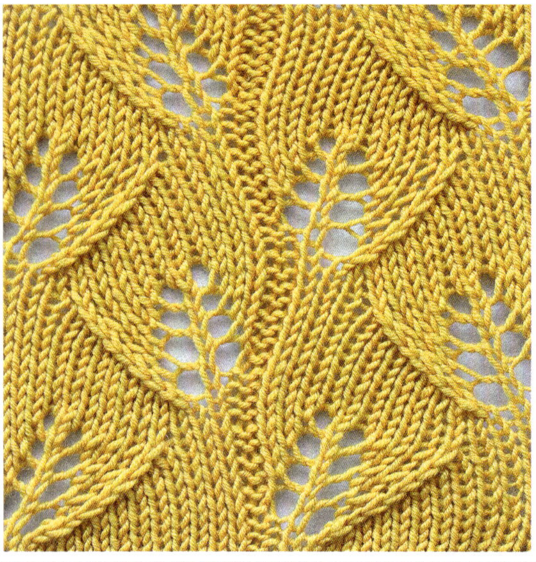

Schwierigkeitsgrad mittel
Kategorie Blattmuster

Maschenzahl teilbar durch 15 + 2 Randmaschen.

STRICKEN NACH MUSTERBESCHREIBUNG

1. Reihe (Hinreihe): RandM, * 1 M links, 13 M rechts, 1 M links; ab * stets wiederholen, RandM.
2. Reihe (Rückreihe): RandM, * 1 M rechts, 13 M links, 1 M rechts; ab * stets wiederholen, RandM.
3. Reihe: RandM, * 1 M links, 10 M rechts, 2 M rechts zusammen, 1 Umschlag, 1 M rechts, 1 M links; ab * stets wiederholen, RandM.
4. Reihe: RandM, * 1 M rechts, 1 Umschlag, 2 M links, 2 M links zusammen, 9 M links, 1 M rechts; ab * stets wiederholen, RandM.
5. Reihe: RandM, * 1 M links, 8 M rechts, 2 M rechts zusammen, 1 M rechts, 1 Umschlag, 2 M rechts, 1 M links; ab * stets wiederholen, RandM.
6. Reihe: RandM, * 1 M rechts, 1 M links, 1 Umschlag, 3 M links, 2 M links zusammen, 7 M links, 1 M rechts; ab * stets wiederholen, RandM.
7. Reihe: RandM, * 1 M links, 6 M rechts, 2 M rechts zusammen, 2 M rechts, 1 Umschlag, 3 M rechts, 1 M links; ab * stets wiederholen, RandM.
8. Reihe: RandM, * 1 M rechts, 2 M links, 1 Umschlag, 4 M links, 2 M links zusammen, 5 M links, 1 M rechts; ab * stets wiederholen, RandM.
9. Reihe: RandM, * 1 M links, 4 M rechts, 2 M rechts zusammen, 3 M rechts, 1 Umschlag, 4 M rechts, 1 M links; ab * stets wiederholen, RandM.
10. Reihe: RandM, * 1 M rechts, 3 M links, 1 Umschlag, 5 M links, 2 M links zusammen, 3 M links, 1 M rechts; ab * stets wiederholen, RandM.
11. - 12. Reihe: Wie die 1. und 2. Reihe arbeiten.
13. Reihe: RandM, * 1 M links, 1 M rechts, 1 Umschlag, 2 M rechts überzogen zusammen (= 1 M wie Rechtsstricken abheben, 1 M rechts stricken, dann die abgehobene M überziehen), 10 M rechts, 1 M links; ab * stets wiederholen, RandM.
14. Reihe: RandM, * 1 M rechts, 9 M links, 2 M links verschränkt zusammen, 2 M links, 1 Umschlag, 1 M rechts; ab * stets wiederholen, RandM.
15. Reihe: RandM, * 1 M links, 2 M rechts, 1 Umschlag, 1 M rechts, 2 M rechts überzogen zusammen, 8 M rechts, 1 M links; ab * stets wiederholen, RandM.
16. Reihe: RandM, * 1 M rechts, 7 M links, 2 M links verschränkt zusammen, 3 M links, 1 Umschlag, 1 M links, 1 M rechts; ab * stets wiederholen, RandM.
17. Reihe: RandM, * 1 M links, 3 M rechts, 1 Umschlag, 2 M rechts, 2 M rechts überzogen zusammen, 6 M rechts, 1 M links; ab * stets wiederholen, RandM.
18. Reihe: RandM, * 1 M rechts, 5 M links, 2 M links verschränkt zusammen, 4 M links, 1 Umschlag, 2 M links, 1 M rechts; ab * stets wiederholen, RandM.
19. Reihe: RandM, * 1 M links, 4 M rechts, 1 Umschlag, 3 M rechts, 2 M rechts überzogen zusammen, 4 M rechts, 1 M links; ab * stets wiederholen, RandM.

20. Reihe: RandM, * 1 M rechts, 3 M links, 2 M links verschränkt zusammen, 5 M links, 1 Umschlag, 3 M links, 1 M rechts;
ab * stets wiederholen, RandM.

Die 1. – 20. Reihe stets wiederholen.

STRICKEN NACH STRICKSCHRIFT

In der Strickschrift sind alle Reihen des Höhenrapportes notiert. Die Maschen sind so bezeichnet, wie sie gestrickt werden.
In den Hinreihen mit der RandM vor dem rechten Pfeil beginnen, den Rapport von 15 M zwischen den Pfeilen stets wiederholen und mit der RandM nach dem linken Pfeil enden.
In den Rückreihen die Strickschrift entsprechend von links nach rechts lesen.

Die 1. – 20. Reihe stets wiederholen.

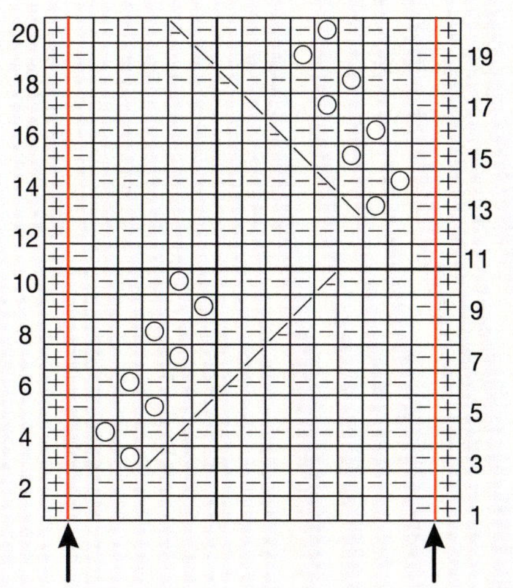

Zeichenerklärung:

+ **= Randmasche**
□ **= 1 Masche rechts**
– **= 1 Masche links**
○ **= 1 Umschlag**
/ **= 2 Maschen rechts zusammenstricken**
\ **= 2 Maschen rechts überzogen zusammenstricken (= 1 Masche wie zum Rechtsstricken abheben, 1 Masche rechts stricken, dann die abgehobene Masche überziehen)**
–/ **= 2 Maschen links zusammenstricken**
–\ **= 2 Maschen links verschränkt zusammenstricken**

Herzblatt

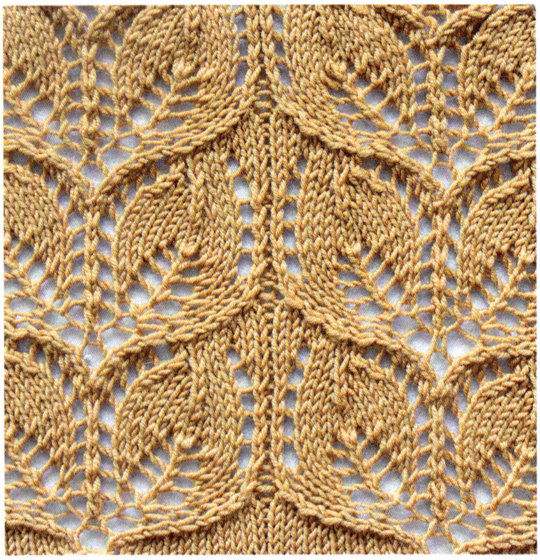

Schwierigkeitsgrad mittel
Kategorie Blattmuster

Maschenzahl in der 1. Reihe teilbar durch 25 + 1 M + 2 Randmaschen. Die Maschenzahl des Rapports ändert sich von Reihe zu Reihe.

STRICKEN NACH MUSTERBESCHREIBUNG

1. Reihe (Hinreihe): RandM, * 1 M links, 12 M rechts, 1 Umschlag, 12 M rechts; ab * stets wiederholen, 1 M links, RandM (= 26 M Rapport).
2. Reihe (Rückreihe) und alle folgenden Rückreihen: Alle M zwischen den RandM stricken, wie sie erscheinen, und Umschläge links stricken.
3. Reihe: RandM, * 1 M links, 10 M rechts, 2 M rechts zusammen, 1 Umschlag, 1 M rechts, 1 Umschlag, 2 M rechts überzogen zusammen (= 1 M wie zum Rechtsstricken abheben, 1 M rechts stricken, dann die abgehobene M überziehen), 10 M rechts; ab * stets wiederholen, 1 M links, RandM.
5. Reihe: RandM, * 1 M links, 8 M rechts, 3 M rechts zusammen, 3 M aus 1 M herausstricken (= 1 M rechts, 1 Umschlag, 1 M rechts), 1 Umschlag, 1 M rechts verschränkt, 1 Umschlag, 3 M aus 1 M herausstricken, 3 M rechts überzogen zusammen (= 1 M wie zum Rechtsstricken abheben, 2 M rechts zusammen, dann die abgehobene M überziehen), 8 M rechts; ab * stets wiederholen, 1 M links, RandM (= 28 M Rapport).
7. Reihe: RandM, * 1 M links, 6 M rechts, 3 M rechts zusammen, 1 M rechts, 1 Umschlag, 1 M rechts verschränkt, 1 Umschlag, 1 M rechts, 1 Umschlag, 3 M mit oben aufliegender MittelM rechts zusammen (= 2 M gemeinsam wie zum Rechtsstricken abheben, 1 M rechts stricken, dann beide abgehobene M zusammen überziehen), 1 Umschlag, 1 M rechts, 1 Umschlag, 1 M rechts verschränkt, 1 Umschlag, 1 M rechts, 3 M rechts überzogen zusammen, 6 M rechts; ab * stets wiederholen, 1 M links, RandM.
9. Reihe: RandM, * 1 M links, 4 M rechts, 3 M rechts zusammen, 2 M rechts, 1 Umschlag, 1 M rechts verschränkt, 1 Umschlag, 2 M rechts, 1 Umschlag, 3 M mit oben aufliegender MittelM rechts zusammen, 1 Umschlag, 2 M rechts, 1 Umschlag, 1 M rechts verschränkt, 1 Umschlag, 2 M rechts, 3 M rechts überzogen zusammen, 4 M rechts; ab * stets wiederholen, 1 M links, RandM.
11. Reihe: RandM, * 1 M links, 2 M rechts, 3 M rechts zusammen, 3 M rechts, 1 Umschlag, 1 M rechts verschränkt, 1 Umschlag, 3 M rechts, 1 Umschlag, 3 M mit oben aufliegender MittelM rechts zusammen, 1 Umschlag, 3 M rechts, 1 Umschlag, 1 M rechts verschränkt, 1 Umschlag, 3 M rechts, 3 M rechts überzogen zusammen, 2 M rechts; ab * stets wiederholen, 1 M links, RandM.
13. Reihe: RandM, * 1 M links, 3 M rechts zusammen, 4 M rechts, 1 Umschlag, 1 M rechts verschränkt, 1 Umschlag, 4 M rechts, 1 Umschlag, 3 M mit oben aufliegender MittelM rechts zusammen, 1 Umschlag, 4 M rechts, 1 Umschlag, 1 M rechts verschränkt, 1 Umschlag, 4 M rechts, 3 M rechts überzogen zusammen; ab * stets wiederholen, 1 M links, RandM.
15. Reihe: RandM, * 1 M links, 2 M rechts überzogen zusammen, 1 Umschlag, 10 M rechts, 1 Umschlag, 1 M rechts, 2 M aus 1 M herausstricken (= 1 M rechts, 1 M links), 1 M rechts, 1 Umschlag, 10 M rechts, 1 Umschlag, 2 M rechts zusammen; ab * stets wiederholen, 1 M links, RandM (= 31 M Rapport).

17. Reihe: RandM, * 1 M links, 2 M rechts überzogen zusammen, 1 Umschlag, 10 M rechts, 1 Umschlag, 1 M rechts, 2 M rechts zusammen, 1 Umschlag, 2 M rechts überzogen zusammen, 1 M rechts, 1 Umschlag, 10 M rechts, 1 Umschlag, 2 M rechts zusammen; ab * stets wiederholen, 1 M links, RandM (= 32 M Rapport).
19. Reihe: RandM, * 1 M links, 2 M rechts überzogen zusammen, 1 Umschlag, 3 M rechts, 3 M mit oben aufliegender MittelM rechts zusammen, 2 M rechts, [2 M rechts zusammen, 1 Umschlag, 1 M rechts] 2x, 1 Umschlag, 2 M rechts überzogen zusammen, 1 M rechts, 1 Umschlag, 2 M rechts überzogen zusammen, 2 M rechts, 3 M mit oben aufliegender MittelM rechts zusammen, 3 M rechts, 1 Umschlag, 2 M rechts zusammen; ab * stets wiederholen, 1 M links, RandM (= 28 M Rapport).
21. Reihe: RandM, * 1 M links, 2 M rechts überzogen zusammen, 1 Umschlag, 2 M rechts, 3 M mit oben aufliegender MittelM rechts zusammen, 2 M rechts zusammen, 1 Umschlag, 3 M rechts zusammen, 3 M aus 1 M herausstricken, 1 Umschlag, 1 M rechts verschränkt, 1 Umschlag, 3 M aus 1 M herausstricken, 3 M rechts überzogen zusammen, 1 Umschlag, 2 M rechts überzogen zusammen, 3 M mit oben aufliegender MittelM rechts zusammen, 2 M rechts, 1 Umschlag, 2 M rechts zusammen; ab * stets wiederholen, 1 M links, RandM (= 26 M Rapport).
23. Reihe: RandM, * 1 M links, 1 Umschlag, 4 M rechts, 3 M rechts zusammen, 1 M rechts, 1 Umschlag, 1 M rechts verschränkt, 1 Umschlag, 1 M rechts, 1 Umschlag, 3 M mit oben aufliegender MittelM rechts zusammen, 1 Umschlag, 1 M rechts, 1 Umschlag, 1 M rechts verschränkt, 1 Umschlag, 1 M rechts, 3 M rechts überzogen zusammen, 4 M rechts, 1 Umschlag; ab * stets wiederholen, 1 M links, RandM (= 28 M Rapport).
25. Reihe: RandM, * 1 M links, 4 M rechts, 3 M rechts zusammen, 2 M rechts, 1 Umschlag, 1 M rechts verschränkt, 1 Umschlag, 2 M rechts, 1 Umschlag, 3 M mit oben aufliegender MittelM rechts zusammen, 1 Umschlag, 2 M rechts, 1 Umschlag, 1 M rechts verschränkt, 1 Umschlag, 2 M rechts, 3 M rechts überzogen zusammen, 4 M rechts; ab * stets wiederholen, 1 M links, RandM.
27. - 30. Reihe: Wie die 11. – 14. Reihe arbeiten.

1x die 1. – 30. Reihe arbeiten, dann die 15. – 30. Reihe stets wiederholen.

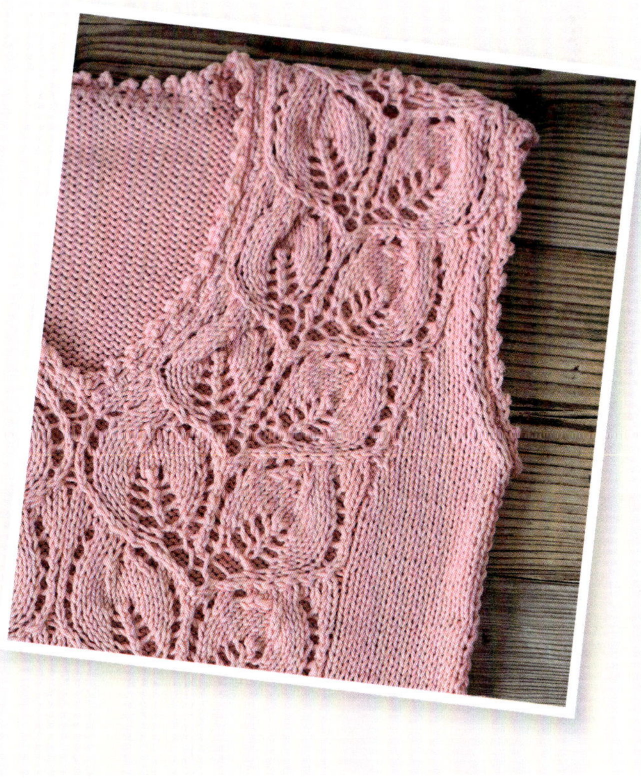

STRICKEN NACH STRICKSCHRIFT

In der Strickschrift sind die Hinreihen notiert. Die Maschen sind so bezeichnet, wie sie gestrickt werden.
In den Hinreihen mit der RandM vor dem rechten Pfeil beginnen, den Rapport zwischen den Pfeilen stets wiederholen und mit der M und der RandM nach dem linken Pfeil enden.
In den Rückreihen die M und Umschläge zwischen den RandM links stricken.

1x die 1. – 30. Reihe arbeiten, dann die 15. – 30. Reihe stets wiederholen.

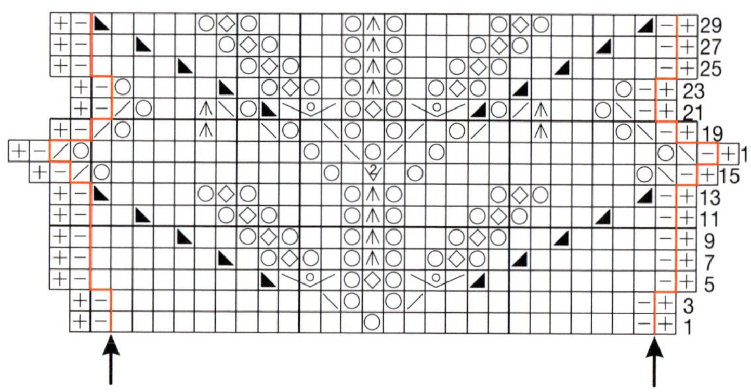

Zeichenerklärung:

- **= Randmasche**
- **= 1 Masche rechts**
- **= 1 Masche links**
- **= 1 Masche rechts verschränkt**
- **= 1 Umschlag**
- **= 2 Maschen rechts zusammenstricken**
- **= 2 Maschen rechts überzogen zusammenstricken (= 1 Masche wie zum Rechtsstricken abheben, 1 Masche rechts stricken, dann die abgehobene Masche überziehen)**
- **= 3 Maschen rechts zusammenstricken**
- **= 3 Maschen rechts überzogen zusammenstricken (= 1 Masche wie zum Rechtsstricken abheben, 2 Maschen rechts zusammenstricken, dann die abgehobene Masche überziehen)**
- **= 3 Maschen mit oben aufliegender Mittelmasche rechts zusammenstricken (= 2 Maschen gemeinsam wie zum Rechtsstricken abheben, 1 Masche rechts stricken, dann beide abgehobene Maschen zusammen überziehen)**
- **= 2 Maschen aus 1 Masche herausstricken (= 1 Masche rechts, 1 Masche links)**
- **= 3 Maschen aus 1 Masche herausstricken (= 1 Masche rechts, 1 Umschlag, 1 Masche rechts)**

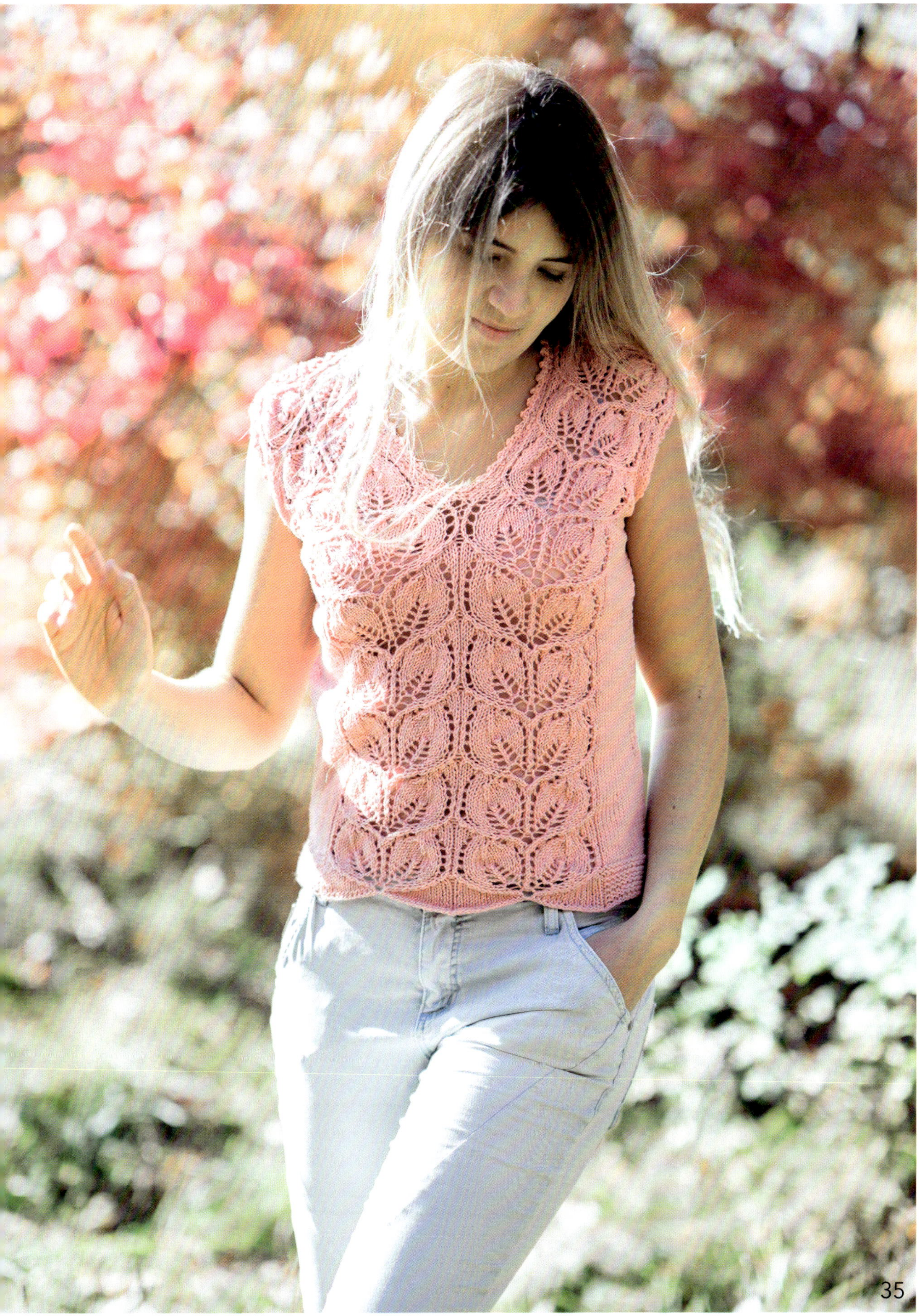

Blätter mit Zunahmen

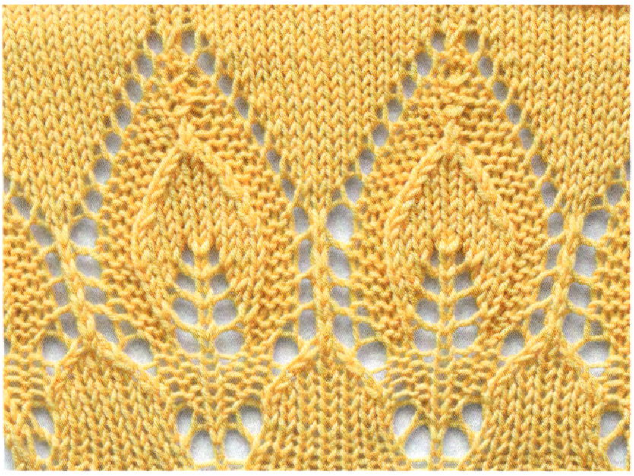

Schwierigkeitsgrad mittel
Kategorie Blätter

Maschenzahl in der 1. Reihe teilbar durch 8 + 1 M + 2 Randmaschen, in der letzten Reihe teilbar durch 18 + 1 M + 2 Randmaschen. Die Maschenzahl des Rapports ändert sich von Reihe zu Reihe.

STRICKEN NACH MUSTERBESCHREIBUNG

1. Reihe (Hinreihe): Alle M zwischen den RandM rechts stricken.
2. Reihe (Rückreihe) und alle folgenden Rückreihen: Alle M zwischen den RandM stricken, wie sie erscheinen, und Umschläge links stricken.
3. Reihe: RandM, * 1 M rechts, 1 Umschlag, 7 M rechts, 1 Umschlag; ab * stets wiederholen, 1 M rechts, RandM (= 10 M Rapport).
5. Reihe: RandM, * 1 M rechts, 1 M links, 1 Umschlag, 7 M rechts, 1 Umschlag, 1 M links; ab * stets wiederholen, 1 M rechts, RandM (= 12 M Rapport).
7. Reihe: RandM, * 1 M rechts, 2 M links, 7 M rechts, 2 M links; ab * stets wiederholen, 1 M rechts, RandM.
9. Reihe: RandM, * 1 M rechts, 2 M links, 2 M rechts überzogen zusammen (= 1 M wie zum Rechtsstricken abheben, 1 M rechts stricken, dann die abgehobene M überziehen), 3 M rechts, 2 M rechts zusammen, 2 M links; ab * stets wiederholen, 1 M rechts, RandM (= 10 M Rapport).
11. Reihe: RandM, * 1 M rechts, 1 Umschlag, 2 M links, 1 Umschlag, 2 M rechts überzogen zusammen, 1 M rechts, 2 M rechts zusammen, 1 Umschlag, 2 M links, 1 Umschlag; ab * stets wiederholen, 1 M rechts, RandM (= 12 M Rapport).
13. Reihe: RandM, * 1 M rechts, 1 Umschlag, 1 M rechts, 3 M links, 1 Umschlag, 3 M mit oben aufliegender MittelM rechts zusammen (= 2 M gemeinsam wie zum Rechtsstricken abheben, 1 M rechts stricken, dann beide abgehobene M zusammen überziehen), 1 Umschlag, 3 M links, 1 M rechts, 1 Umschlag; ab * stets wiederholen, 1 M rechts, RandM (= 14 M Rapport).
15. Reihe: RandM, * 1 M rechts, 1 Umschlag, 2 M rechts, 3 M links, 1 Umschlag, 3 M mit oben aufliegender MittelM rechts zusammen, 1 Umschlag, 3 M links, 2 M rechts, 1 Umschlag; ab * stets wiederholen, 1 M rechts, RandM (= 16 M Rapport).
17. Reihe: RandM, * 1 M rechts, 1 Umschlag, 3 M rechts, 3 M links, 1 Umschlag, 3 M mit oben aufliegender MittelM rechts zusammen, 1 Umschlag, 3 M links, 3 M rechts, 1 Umschlag; ab * stets wiederholen, 1 M rechts, RandM (= 18 M Rapport).
19. Reihe: RandM, * 5 M rechts, 3 M links, 1 Umschlag, 3 M mit oben aufliegender MittelM rechts zusammen, 1 Umschlag, 3 M links, 4 M rechts; ab * stets wiederholen, 1 M rechts, RandM.
21. Reihe: RandM, * 3 M rechts, 2 M rechts zusammen, 3 M links, 1 Umschlag, 3 M rechts, 1 Umschlag, 3 M links, 2 M rechts überzogen zusammen, 2 M rechts; ab * stets wiederholen, 1 M rechts, RandM.
23. Reihe: RandM, * 2 M rechts, 2 M rechts zusammen, 3 M links, 1 Umschlag, 5 M rechts, 1 Umschlag, 3 M links, 2 M rechts überzogen zusammen, 1 M rechts; ab * stets wiederholen, 1 M rechts, RandM.
25. Reihe: RandM, * 1 M rechts, 2 M rechts zusammen, 3 M links, 1 Umschlag, 7 M rechts, 1 Umschlag, 3 M links, 2 M rechts überzogen zusammen; ab * stets wiederholen, 1 M rechts, RandM.
27. Reihe: RandM, 2 M rechts zusammen, 3 M links, 1 Umschlag, 4 M rechts, * 5 M rechts,

1 Umschlag, 3 M links, 3 M mit oben aufliegender MittelM rechts zusammen, 3 M links, 1 Umschlag, 4 M rechts; ab * stets wiederholen, 5 M rechts, 1 Umschlag, 3 M links, 2 M rechts überzogen zusammen, RandM.

29. Reihe: RandM, 2 M links zusammen, 2 M links, 1 Umschlag, 5 M rechts, * 6 M rechts, 1 Umschlag, 2 M links, 3 M links zusammen, 2 M links, 1 Umschlag, 5 M rechts; ab * stets wiederholen, 6 M rechts, 1 Umschlag, 2 M links, 2 M links zusammen, RandM.

31. Reihe: RandM, 2 M links zusammen, 1 M links, 1 Umschlag, 6 M rechts, * 7 M rechts, 1 Umschlag, 1 M links, 3 M links zusammen, 1 M links, 1 Umschlag, 6 M rechts; ab * stets wiederholen, 7 M rechts, 1 Umschlag, 1 M links, 2 M links zusammen, RandM.

33. Reihe: RandM, 2 M links zusammen, 1 Umschlag, 7 M rechts, * 8 M rechts, 1 Umschlag, 3 M links zusammen, 1 Umschlag, 7 M rechts; ab * stets wiederholen, 8 M rechts, 1 Umschlag, 2 M links zusammen, RandM.

1x die 1. – 34. Reihe arbeiten.

Hinweis: Für kleinere oder noch größere Blätter die Anzahl der Zunahmen und dementsprechend die Anzahl der Reihen und Abnahmen verringern oder erhöhen. Auch ist dieses Muster durch die Zunahmen besonders für Modelle geeignet, bei denen sich nach und nach die M-Zahl erhöht wie zum Beispiel für Mützen oder Passen.

STRICKEN NACH STRICKSCHRIFT

In der Strickschrift sind die Hinreihen des Höhenrapportes notiert. Die Maschen sind so bezeichnet, wie sie gestrickt werden.

In den Hinreihen mit der RandM und den M vor dem rechten Pfeil beginnen, den Rapport zwischen den Pfeilen stets wiederholen und mit den M und der RandM nach dem linken Pfeil enden.

In den Rückreihen die M und Umschläge zwischen den RandM links stricken.

1x die 1. – 34. Reihe arbeiten.

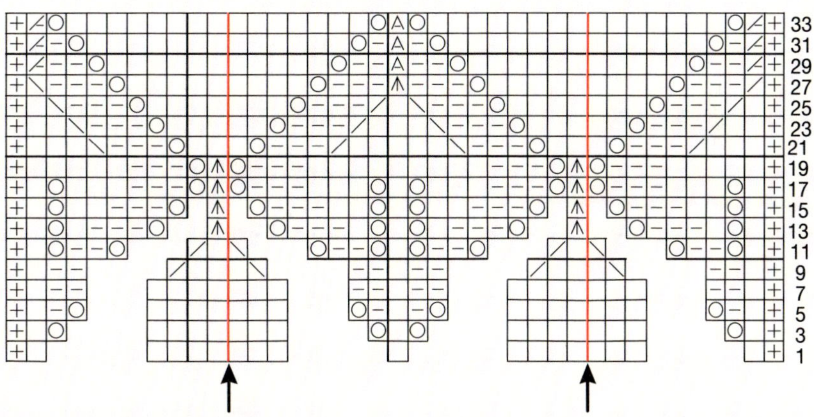

Zeichenerklärung:

- ⊞ = **Randmasche**
- ☐ = **1 Masche rechts**
- ⊟ = **1 Masche links**
- ◯ = **1 Umschlag**
- ⧄ = **2 Maschen rechts zusammenstricken**
- ⧅ = **2 Maschen rechts überzogen zusammenstricken (= 1 Masche wie zum Rechtsstricken abheben, 1 Masche rechts stricken, dann die abgehobene Masche überziehen)**
- ∠ = **2 Maschen links zusammenstricken**
- △ = **3 Maschen links zusammenstricken**
- ⩚ = **3 Maschen mit oben aufliegender Mittelmasche rechts zusammenstricken (= 2 Maschen gemeinsam wie zum Rechtsstricken abheben, 1 Masche rechts stricken, dann beide abgehobene Maschen zusammen überziehen)**

Blattmuster

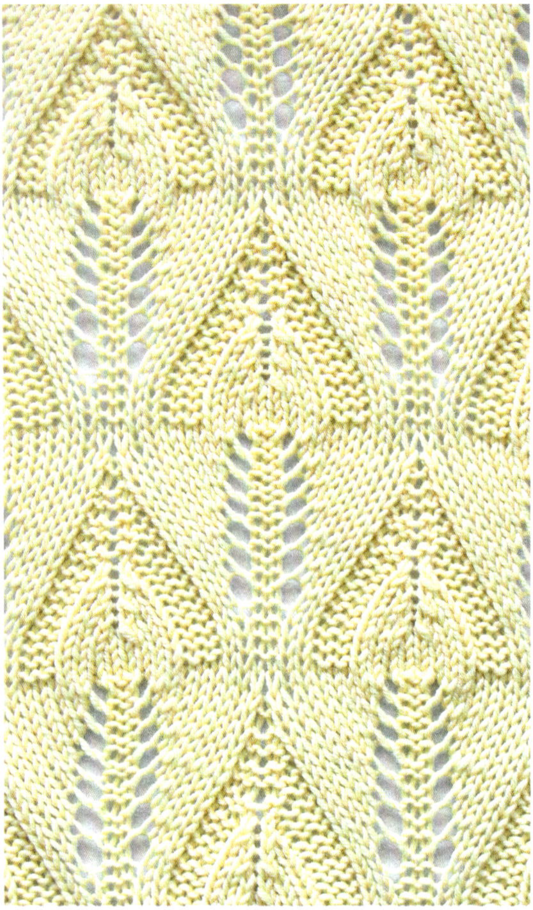

Schwierigkeitsgrad mittel
Kategorie Blattmuster

Maschenzahl teilbar durch 20 + 2 Randmaschen.

STRICKEN NACH MUSTERBESCHREIBUNG

1. Reihe (Hinreihe): RandM, * 4 M rechts, 3 M links, 2 M rechts, 2 M links, 2 M rechts, 3 M links, 4 M rechts; ab * stets wiederholen, RandM.
2. Reihe (Rückreihe) und alle folgenden Rückreihen: Alle M zwischen den RandM stricken, wie sie erscheinen, und Umschläge links stricken.
3. Reihe: Wie die 1. Reihe arbeiten.
5. Reihe: RandM, * 2 M rechts zusammen, 2 M rechts, 3 M links, 2 M rechts, 1 Umschlag, 2 M links, 1 Umschlag, 2 M rechts, 3 M links, 2 M rechts, 2 M rechts überzogen zusammen (= 1 M wie zum Rechtsstricken abheben, 1 M rechts stricken, dann die abgehobene M überziehen); ab * stets wiederholen, RandM.
7. Reihe: RandM, * 2 M rechts zusammen, 1 M rechts, 3 M links, 3 M rechts, 1 Umschlag, 2 M links, 1 Umschlag, 3 M rechts, 3 M links, 1 M rechts, 2 M rechts überzogen zusammen; ab * stets wiederholen, RandM.
9. Reihe: RandM, * 2 M rechts zusammen, 3 M links, 4 M rechts, 1 Umschlag, 2 M links, 1 Umschlag, 4 M rechts, 3 M links, 2 M rechts überzogen zusammen; ab * stets wiederholen, RandM.
11. Reihe: RandM, * 2 M links zusammen, 2 M links, 5 M rechts, 1 Umschlag, 2 M links, 1 Umschlag, 5 M rechts, 2 M links, 2 M links verschränkt zusammen; ab * stets wiederholen, RandM.
13. Reihe: RandM, * 2 M links zusammen, 1 M links, 6 M rechts, 1 Umschlag, 2 M links, 1 Umschlag, 6 M rechts, 1 M links, 2 M links verschränkt zusammen; ab * stets wiederholen, RandM.
15. Reihe: RandM, * 2 M links zusammen, 7 M rechts, 1 Umschlag, 2 M links, 1 Umschlag, 7 M rechts, 2 M links verschränkt zusammen; ab * stets wiederholen, RandM.
17. Reihe: RandM, * 2 M rechts zusammen, 7 M rechts, 1 Umschlag, 2 M links, 1 Umschlag, M rechts, 2 M rechts überzogen zusammen; ab * stets wiederholen, RandM.
19. Reihe: RandM, * 1 M links, 2 M rechts, 3 M links, 8 M rechts, 3 M links, 2 M rechts, 1 M links; ab * stets wiederholen, RandM.
21. Reihe: Wie die 19. Reihe arbeiten.
23. Reihe: RandM, * 1 M links, 1 Umschlag, 2 M rechts, 3 M links, 2 M rechts, 2 M rechts überzogen zusammen, 2 M rechts zusammen, 2 M rechts, 3 M links, 2 M rechts, 1 Umschlag; ab * stets wiederholen, RandM.
25. Reihe: RandM, * 1 M links, 1 Umschlag, 3 M rechts, 3 M links, 1 M rechts, 2 M rechts überzogen zusammen, 2 M rechts zusammen, 1 M rechts, 3 M links, 3 M rechts, 1 Umschlag; ab * stets wiederholen, RandM.
27. Reihe: RandM, * 1 M links, 1 Umschlag, 4 M rechts, 3 M links, 2 M rechts überzogen zusammen, 2 M rechts zusammen, 3 M links, 4 M

rechts, 1 Umschlag, 1 M links; ab * stets wiederholen, RandM.

29. Reihe: RandM, * 1 M links, 1 Umschlag, 5 M rechts, 2 M links, 2 M links verschränkt zusammen, 2 M links zusammen, 2 M links, 5 M rechts, 1 Umschlag, 1 M links; ab * stets wiederholen, RandM.

31. Reihe: RandM, * 1 M links, 1 Umschlag, 6 M rechts, 1 M links, 2 M links verschränkt zusammen, 2 M links zusammen, 1 M links, 6 M rechts, 1 Umschlag, 1 M links; ab * stets wiederholen, RandM.

33. Reihe: RandM, * 1 M links, 1 Umschlag, 7 M rechts, 2 M links verschränkt zusammen, 2 M links zusammen, 7 M rechts, 1 Umschlag, 1 M links; ab * stets wiederholen, RandM.

35. Reihe: RandM, * 1 M links, 1 Umschlag, 7 M rechts, 2 M rechts überzogen zusammen, 2 M rechts zusammen, 7 M rechts, 1 Umschlag, 1 M links; ab * stets wiederholen, RandM.

Die 1. – 36. Reihe stets wiederholen.

STRICKEN NACH STRICKSCHRIFT

In der Strickschrift sind die Hinreihen des Höhenrapportes notiert. Die Maschen sind so bezeichnet, wie sie gestrickt werden.

In den Hinreihen mit der RandM vor dem rechten Pfeil beginnen, den Rapport zwischen den Pfeilen stets wiederholen und mit der RandM nach dem linken Pfeil enden.

In den Rückreihen die M zwischen den RandM stricken, wie sie erscheinen, und Umschläge links stricken.

Die 1. – 36. Reihe stets wiederholen.

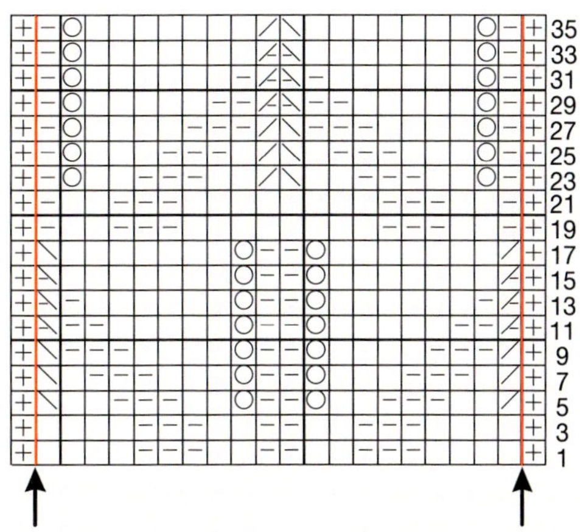

Zeichenerklärung:

- [+] = **Randmasche**
- [ ] = **1 Masche rechts**
- [–] = **1 Masche links**
- [○] = **1 Umschlag**
- [/] = **2 Maschen rechts zusammenstricken**
- [\] = **2 Maschen rechts überzogen zusammenstricken (= 1 Masche wie zum Rechtsstricken abheben, 1 Masche rechts stricken, dann die abgehobene Masche überziehen)**
- [⁄–] = **2 Maschen links zusammenstricken**
- [\–] = **2 Maschen links verschränkt zusammenstricken**

Kleine Blätter

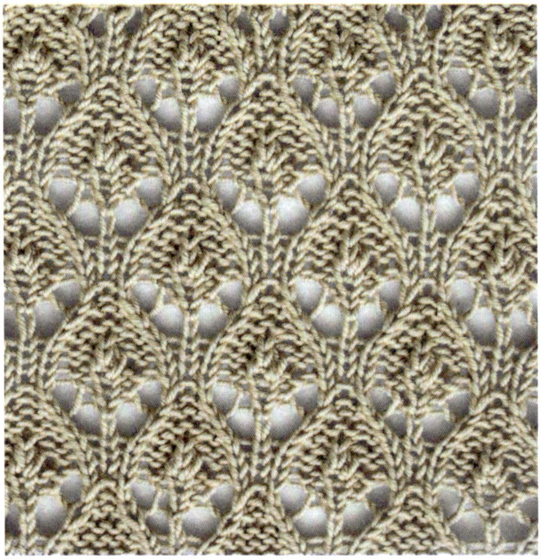

Schwierigkeitsgrad mittel
Kategorie Blattmuster

Maschenzahl teilbar durch 8 + 7 M + 2 Randmaschen.

STRICKEN NACH MUSTERBESCHREIBUNG

1. Reihe (Hinreihe): RandM, 2 M links, 1 M rechts, * 2 M rechts, 5 M links, 1 M rechts; ab * stets wiederholen, 2 M rechts, 2 M links, RandM.
2. Reihe (Rückreihe): Alle M zwischen den RandM stricken, wie sie erscheinen, und Umschläge links stricken.
3. Reihe: RandM, 1 M links, 2 M rechts zusammen, 1 Umschlag, * 1 M rechts, 1 Umschlag, 2 M rechts überzogen zusammen (= 1 M wie zum Rechtsstricken abheben, 1 M rechts stricken, dann die abgehobene M überziehen), 3 M links, 2 M rechts zusammen, 1 Umschlag; ab * stets wiederholen, 1 M rechts, 1 Umschlag, 2 M rechts überzogen zusammen, 1 M links, RandM.
5. Reihe: RandM, 2 M rechts zusammen, 1 Umschlag, 1 M links, * 1 M rechts, 1 M links, 1 Umschlag, 2 M rechts überzogen zusammen, 1 M links, 2 M rechts zusammen, 1 Umschlag, 1 M links; ab * stets wiederholen, 1 M rechts, 1 M links, 1 Umschlag, 2 M rechts überzogen zusammen, RandM.
7. Reihe: RandM, 1 M rechts, 2 M links, * 3 M aus 1 M herausstricken (= 1 M rechts, 1 Umschlag, 1 M rechts), 2 M links, 3 M rechts, 2 M links; ab * stets wiederholen, 3 M aus 1 M herausstricken, 2 M links, 1 M rechts, RandM.
9. Reihe: RandM, 1 M rechts, 2 M links, * 3 M mit oben aufliegender MittelM rechts zusammen (= 2 M gemeinsam wie zum Rechtsstricken abheben, 1 M rechts stricken, dann beide abgehobene M zusammen überziehen), 2 M links, 3 M rechts, 2 M links; ab * stets wiederholen, 3 M mit oben aufliegender MittelM rechts zusammen 2 M links, 1 M rechts, RandM.
11. Reihe: RandM, 2 M rechts überzogen zusammen, 1 Umschlag, 1 M links, * 2 M links, 1 Umschlag, 2 M rechts zusammen, 1 M rechts, 2 M rechts überzogen zusammen, 1 Umschlag, 1 M links; ab * stets wiederholen, 2 M links, 1 Umschlag, 2 M rechts zusammen, RandM.
13. Reihe: RandM, 1 M links, 2 M rechts überzogen zusammen, 1 Umschlag, * 1 M links, 1 Umschlag, 2 M rechts zusammen, 1 M links, 1 M rechts, 1 M links, 2 M rechts überzogen zusammen, 1 Umschlag; ab * stets wiederholen, 1 M links, 1 Umschlag, 2 M rechts zusammen, 1 M links, RandM.
15. Reihe: RandM, 2 M links, 1 M rechts, * 2 M rechts, 2 M links, 3 M aus 1 M herausstricken, 2 M links, 1 M rechts; ab * stets wiederholen, 2 M rechts, 2 M links, RandM.
17. Reihe: RandM, 2 M links, 1 M rechts, * 2 M rechts, 2 M links, 3 M mit oben aufliegender MittelM rechts zusammen, 2 M links, 1 M rechts; ab * stets wiederholen, 2 M rechts, 2 M links, RandM.

1x die 1. – 18. Reihe arbeiten, dann die 3. – 18. Reihe stets wiederholen.

STRICKEN NACH STRICKSCHRIFT

In der Strickschrift sind die Hinreihen des Höhenrapportes notiert. Die Maschen sind so bezeichnet, wie sie gestrickt werden.
In den Hinreihen mit der RandM und den M vor dem rechten Pfeil beginnen, den Rapport zwischen den Pfeilen stets wiederholen und mit den M und der RandM nach dem linken Pfeil enden.
In den Rückreihen die M zwischen den RandM stricken, wie sie erscheinen, und Umschläge links stricken.

1x die 1. – 18. Reihe arbeiten, dann die 3. – 18. Reihe stets wiederholen.

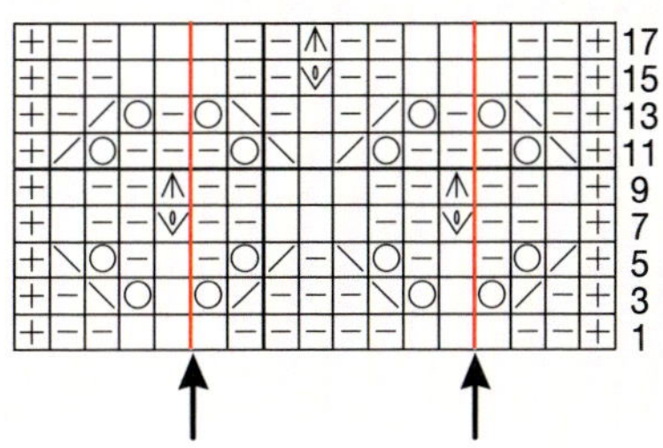

Zeichenerklärung:

- ⊞ = **Randmasche**
- □ = **1 Masche rechts**
- ⊟ = **1 Masche links**
- ○ = **1 Umschlag**
- ⩔ = **3 Maschen aus 1 Masche herausstricken (= 1 Masche rechts, 1 Umschlag, 1 Masche rechts)**
- ⧄ = **2 Maschen rechts zusammenstricken**
- ⧅ = **2 Maschen rechts überzogen zusammenstricken (= 1 Masche wie zum Rechtsstricken abheben, 1 Masche rechts stricken, dann die abgehobene Masche überziehen)**
- Λ = **3 Maschen mit oben aufliegender Mittelmasche rechts zusammenstricken (= 2 Maschen gemeinsam wie zum Rechtsstricken abheben, 1 Masche rechts stricken, dann beide abgehobene Maschen zusammen überziehen)**

Blätter mit Löchern

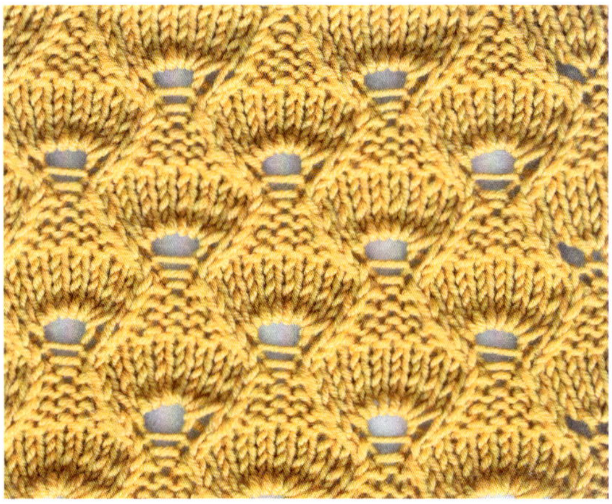

Schwierigkeitsgrad mittel
Kategorie Blattmuster

Maschenzahl in der 1. Reihe teilbar durch 10 + 1 + 2 Randmaschen. Die Maschenzahl des Rapports ändert sich von Reihe zu Reihe.

STRICKEN NACH MUSTERBESCHREIBUNG

1. Reihe (Hinreihe): RandM, 3 M links, 2 M rechts zusammen, * 7 M aus 1 M herausstricken (= 1 M rechts, 1 Umschlag im Wechsel arbeiten), 2 M rechts überzogen zusammen (= 1 M wie zum Rechtsstricken abheben, 1 M rechts stricken, dann die abgehobene M überziehen), 5 M links, 2 M rechts zusammen; ab * stets wiederholen, 7 M aus 1 M herausstricken, 2 M rechts überzogen zusammen, 3 M links, RandM (= 14 M Rapport).
2. Reihe (Rückreihe) und alle folgenden Rückreihen: Alle M zwischen den RandM stricken, wie sie erscheinen.
3. Reihe: RandM, 2 M links, 2 M rechts zusammen, * 7 M rechts, 2 M rechts überzogen zusammen, 3 M links, 2 M rechts zusammen; ab * stets wiederholen, 7 M rechts, 2 M rechts überzogen zusammen, 2 M links, RandM (= 12 M Rapport).
5. Reihe: RandM, 1 M links, 2 M rechts zusammen, * 7 M rechts, 2 M rechts überzogen zusammen, 1 M links, 2 M rechts zusammen; ab * stets wiederholen, 7 M rechts, 2 M rechts überzogen zusammen, 1 M links, RandM (= 10 M Rapport).
7. Reihe: RandM, 4 M aus 1 M herausstricken (= 1 M rechts, 1 Umschlag im Wechsel arbeiten), * 2 M rechts überzogen zusammen, 5 M links, 2 M rechts zusammen, 7 M aus 1 M herausstricken; ab * stets wiederholen, 2 M rechts überzogen zusammen, 5 M links, 2 M rechts zusammen, 4 M aus 1 M herausstricken, RandM (= 14 M Rapport).
9. Reihe: RandM, 4 M rechts, * 2 M rechts überzogen zusammen, 3 M links, 2 M rechts zusammen, 7 M rechts; ab * stets wiederholen, 2 M rechts überzogen zusammen, 3 M links, 2 M rechts zusammen, 4 M rechts, RandM (= 12 M Rapport).
11. Reihe: RandM, 4 M rechts, * 2 M rechts überzogen zusammen, 1 M links, 2 M rechts zusammen, 7 M rechts; ab * stets wiederholen, 2 M rechts überzogen zusammen, 1 M links, 2 M rechts zusammen, 4 M rechts, RandM (= 10 M Rapport).

Die 1. – 12. Reihe stets wiederholen.

STRICKEN NACH STRICKSCHRIFT

In der Strickschrift sind die Hinreihen des Höhenrapportes notiert. Die Maschen sind so bezeichnet, wie sie gestrickt werden.
In den Hinreihen mit der RandM und den M vor dem rechten Pfeil beginnen, den Rapport von 10 M zwischen den Pfeilen stets wiederholen und mit den M und der RandM nach dem linken Pfeil enden.
In den Rückreihen die M zwischen den RandM stricken, wie sie erscheinen, und Umschläge links stricken.

Die 1. – 12. Reihe stets wiederholen.

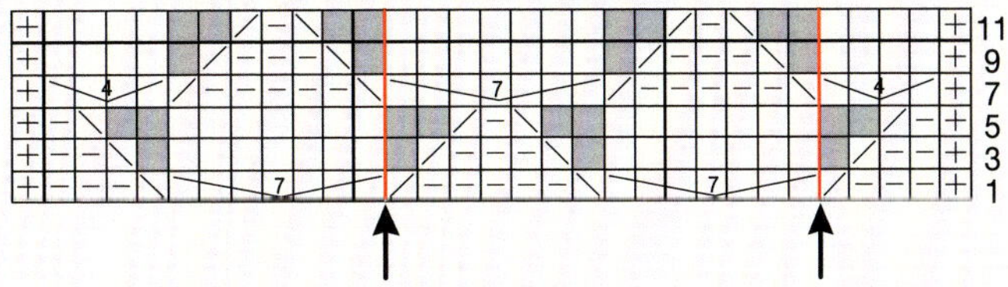

Zeichenerklärung:

- = Randmasche
- = 1 Masche rechts
- = 1 Masche links
- = keine Bedeutung; Maschen nicht vorhanden
- = 2 Maschen rechts zusammenstricken
- = 2 Maschen rechts überzogen zusammenstricken (= 1 Masche wie zum Rechtsstricken abheben, 1 Masche rechts stricken, dann die abgehobene Masche überziehen)
- = 4 Maschen aus 1 Masche herausstricken (= 1 Masche rechts, 1 Umschlag im Wechsel arbeiten)
- = 7 Maschen aus 1 Masche herausstricken (= 1 Masche rechts, 1 Umschlag im Wechsel arbeiten)

Blätter all over

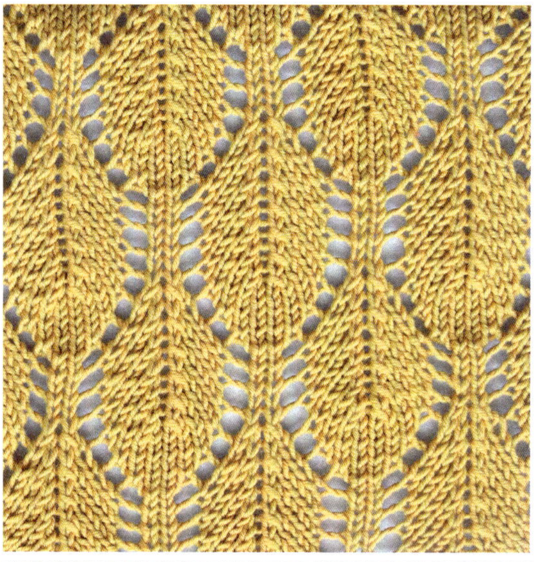

Schwierigkeitsgrad einfach – mittel
Kategorie Blattmuster

Maschenzahl teilbar durch 12 + 2 Randmaschen.

STRICKEN NACH MUSTERBESCHREIBUNG

1. Reihe (Hinreihe): RandM, * 1 M rechts, 1 Umschlag, 3 M rechts, 2 M rechts überzogen zusammen (= 1 M wie zum Rechtsstricken abheben, 1 M rechts stricken, dann die abgehobene M überziehen), 2 M rechts zusammen, 3 M rechts, 1 Umschlag, 1 M rechts; ab * stets wiederholen, RandM.
2. Reihe (Rückreihe) und alle folgenden Rückreihen: Alle M und Umschläge zwischen den RandM links stricken.
3., 5. und 7. Reihe: Wie die 1. Reihe arbeiten.
9. Reihe: RandM, * 2 M rechts, 1 Umschlag, 2 M rechts, 2 M rechts überzogen zusammen, 2 M rechts zusammen, 2 M rechts, 1 Umschlag, 2 M rechts; ab * stets wiederholen, RandM.
11. Reihe: RandM, * 3 M rechts, 1 Umschlag, 1 M rechts, 2 M rechts überzogen zusammen, 2 M rechts zusammen, 1 M rechts, 1 Umschlag, 3 M rechts; ab * stets wiederholen, RandM.
13. Reihe: RandM, * 4 M rechts, 1 Umschlag, 2 M rechts überzogen zusammen, 2 M rechts zusammen, 1 Umschlag, 4 M rechts; ab * stets wiederholen, RandM.
15. Reihe: RandM, * 2 M rechts zusammen, 3 M rechts, 1 Umschlag, 2 M rechts, 1 Umschlag, 3 M rechts, 2 M rechts überzogen zusammen; ab * stets wiederholen, RandM.
17., 19. und 21. Reihe: Wie die 15. Reihe arbeiten.
23. Reihe: RandM, * 2 M rechts zusammen, 2 M rechts, 1 Umschlag, 4 M rechts, 1 Umschlag, 2 M rechts, 2 M rechts überzogen zusammen; ab * stets wiederholen, RandM.
25. Reihe: RandM, * 2 M rechts zusammen, 1 M rechts, 1 Umschlag, 6 M rechts, 1 Umschlag, 1 M rechts, 2 M rechts überzogen zusammen; ab * stets wiederholen, RandM.
27. Reihe: RandM, * 2 M rechts zusammen, 1 Umschlag, 8 M rechts, 1 Umschlag, 2 M rechts überzogen zusammen; ab * stets wiederholen, RandM.

Die 1. – 28. Reihe stets wiederholen.

STRICKEN NACH STRICKSCHRIFT

In der Strickschrift sind die Hinreihen des Höhenrapportes notiert. Die Maschen sind so bezeichnet, wie sie gestrickt werden.
<u>In den Hinreihen</u> mit der RandM vor dem rechten Pfeil beginnen, den Rapport von 12 M zwischen den Pfeilen stets wiederholen und mit der RandM nach dem linken Pfeil enden.
<u>In den Rückreihen</u> die M und Umschläge zwischen den RandM links stricken.

Die 1. – 28. Reihe stets wiederholen.

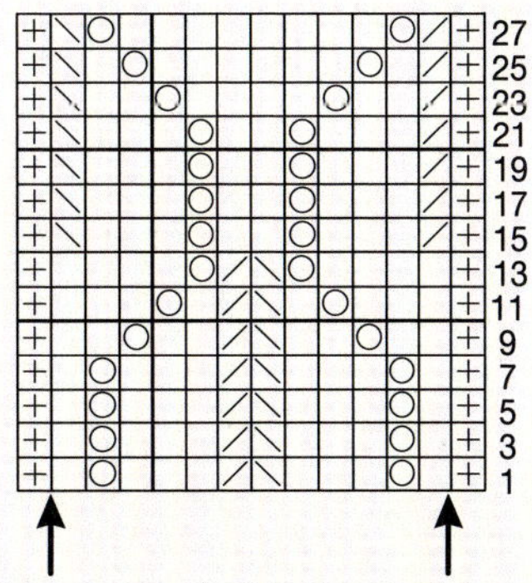

Zeichenerklärung:

- ⊞ = Randmasche
- ☐ = 1 Masche rechts
- ◯ = 1 Umschlag
- ⧄ = 2 Maschen rechts zusammenstricken
- ⧅ = 2 Maschen rechts überzogen zusammenstricken (= 1 Masche wie zum Rechtsstricken abheben, 1 Masche rechts stricken, dann die abgehobene Masche überziehen)

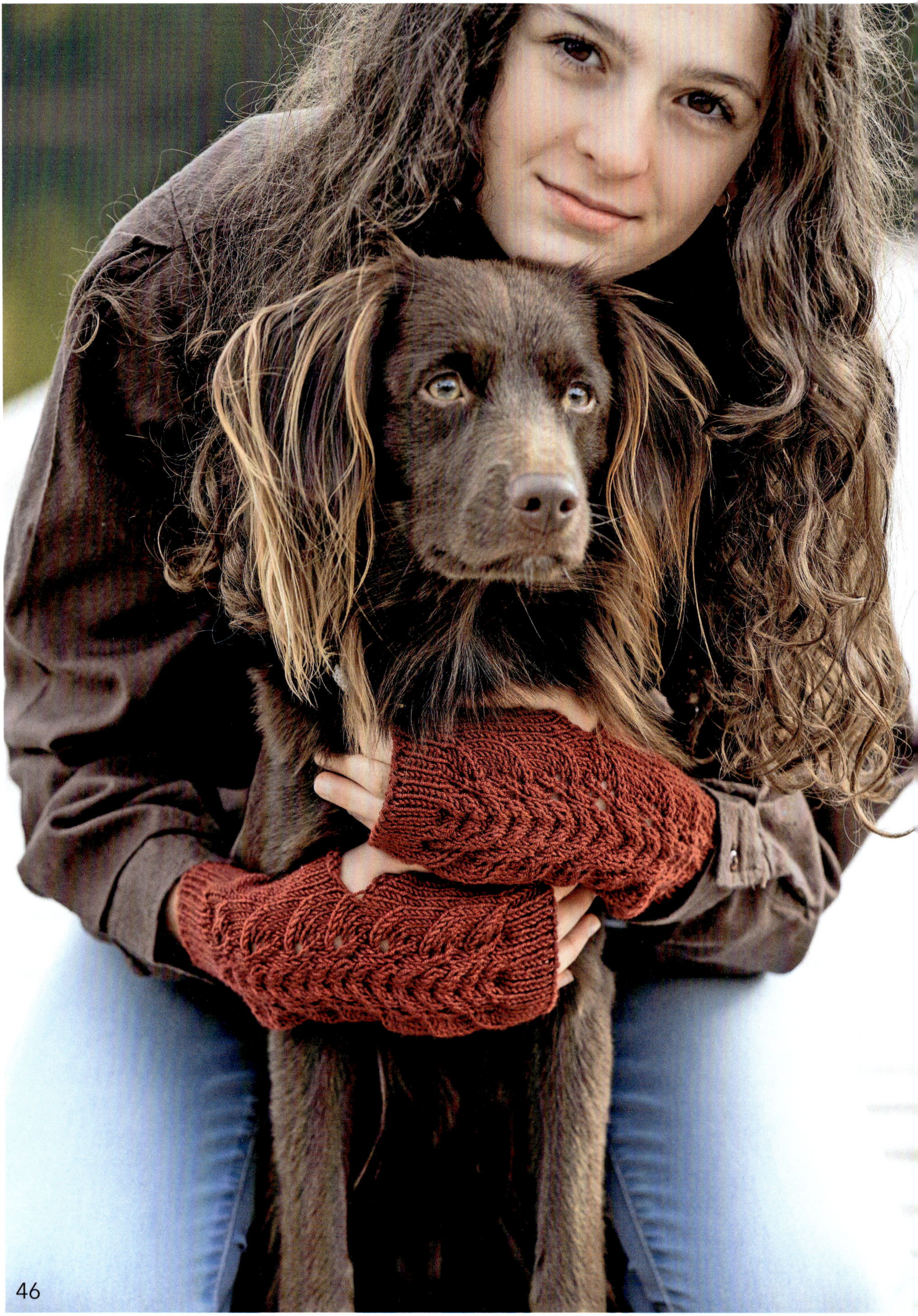

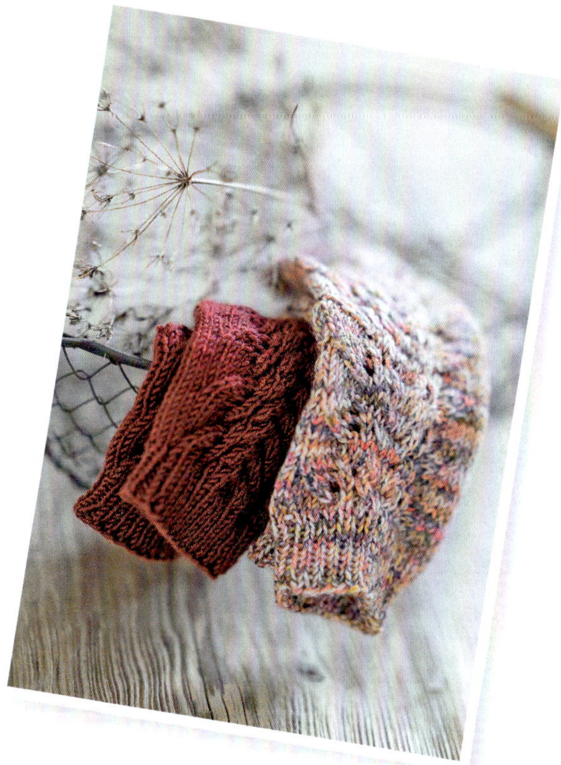

Stulpen

Schwierigkeitsgrad: mittel

Über den gesamten Unterarm- und Handrücken präsentiert sich das faszinierende Blattmuster mit Zopf von Seite 12, das sowohl einfarbig wie bunt gearbeitet werden kann.

Größe:

20 – 22 (23 – 25) cm Handumfang, ca. 22 cm lang. Die Angaben für die größere Größe stehen in Klammern. Steht nur eine Angabe, so gilt diese für alle Größen.

Material:

Buttinette Woll Butt Primo Madeleine (100 % Schurwolle, LL = 150 m/50 g): 50 g Bordeaux (Fb 52.381.47) oder Bunt Color (Fb 99.142.42), Nadelspiel in 2,5 und 3 mm.

Muster:

Rippenmuster:
1 M rechts, 1 M links im Wechsel stricken.

Glatt rechts in Runden: Stets rechte M stricken.

Blattmuster über 24 Maschen:
Nach Strickschrift arbeiten. Es ist jede Runde eines Höhenrapportes gezeichnet.
Wie in der Anleitung beschrieben 1x die 24 M arbeiten.

Die 1. – 8. Runde stets wiederholen.

Maschenprobe:

Glatt rechts: 24 Maschen x 34 Runden = 10 cm x 10 cm; **Blattmuster:** 24 Maschen x 34 Runden = 7,5 cm x 10 cm.

So wird's gemacht:

Hinweis: Bei der rechten Stulpe werden die Maschen der Handfläche auf der 1. und 2. Nadel und die Maschen des Handrückens auf der 3. und 4. Nadel gearbeitet, bei der linken Stulpe umgekehrt.

Für die **rechte Stulpe** 48 (56) M mit dem Nadelspiel in 2,5 mm anschlagen, die M gleichmäßig auf vier Nadeln verteilen (= 12 (14) Maschen pro Nadel), zur Rd schließen und den Rd-Übergang markieren. Für den Bund 3 cm = 12 Runden im Rippenmuster stricken.

Dann mit dem Nadelspiel in 3 mm die M wie folgt einteilen: 24 (30) M glatt rechts, 24 M Blätterzopf, 0 (2) M glatt rechts. In dieser Einteilung 32 Rd = 9,5 cm arbeiten.

Dann für den **Daumenschlitz** die ersten 10 (12) M der 1. Nadel abketten und in der folgenden Rd wieder dazu anschlagen und weiter in der Mustereinteilung stricken. Nach insgesamt 57 Rd ab Bund mit dem Nadelspiel in 2,5 mm noch 7 Rd = 2 cm im Rippenmuster arbeiten, dann alle M abketten.

Die **linke Stulpe** gegengleich arbeiten, dafür für den Daumenschlitz die 10.- (12.-) letzten M der 4. Nadel abketten.

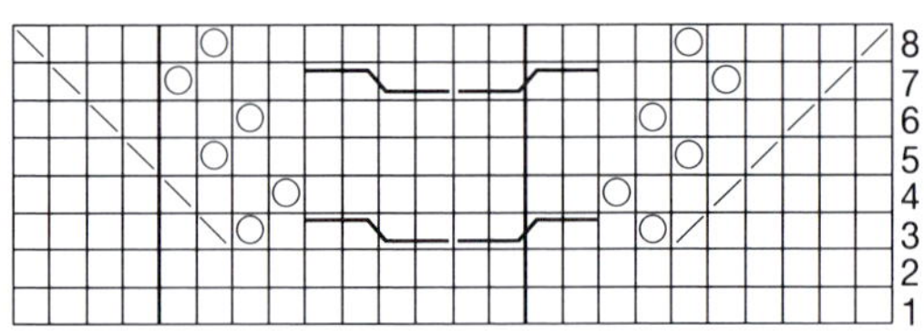

Zeichenerklärung:

- = **1 Masche rechts**
- = **1 Umschlag**
- = **2 Maschen rechts zusammenstricken**
- = **2 Maschen rechts überzogen zusammenstricken (= 1 Masche wie zum Rechtsstricken abheben, 1 Masche rechts stricken, dann die abgehobene Masche überziehen)**
- = **2 Maschen auf eine Hilfsnadel vor die Arbeit legen, 2 Maschen rechts stricken, dann die Maschen der Hilfsnadel rechts stricken**
- = **2 Maschen auf eine Hilfsnadel hinter die Arbeit legen, 2 Maschen rechts stricken, dann die Maschen der Hilfsnadel rechts stricken**

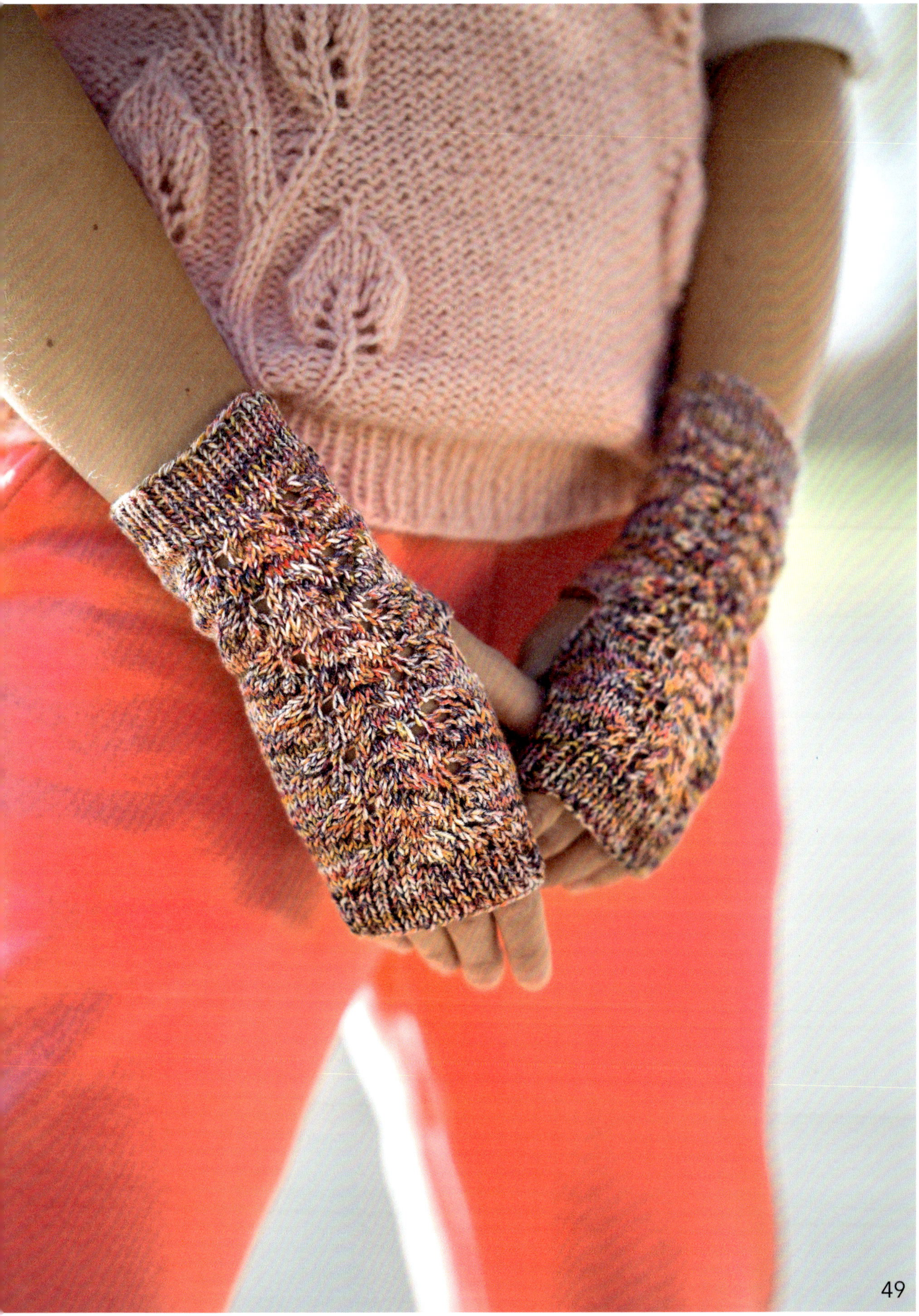

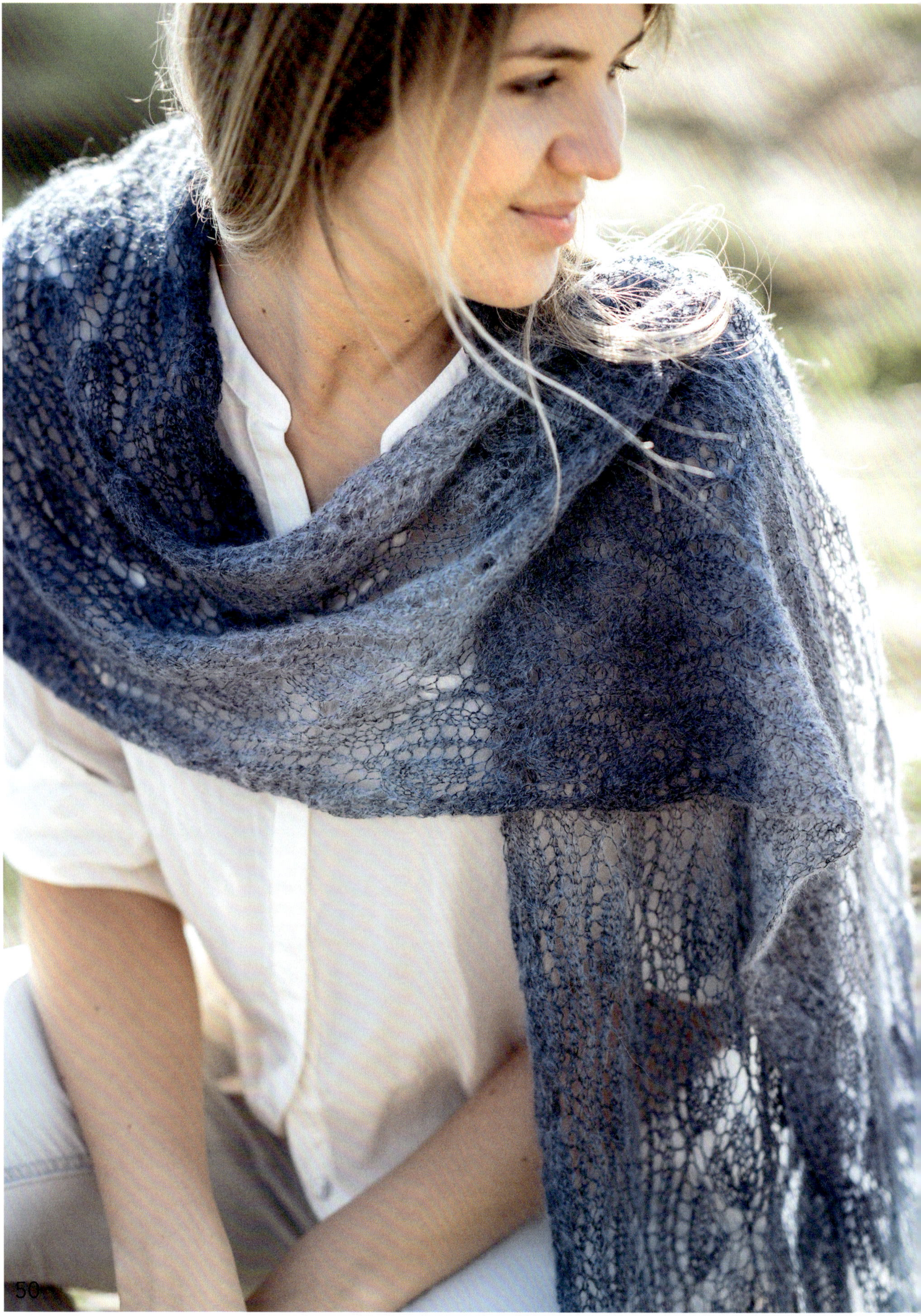

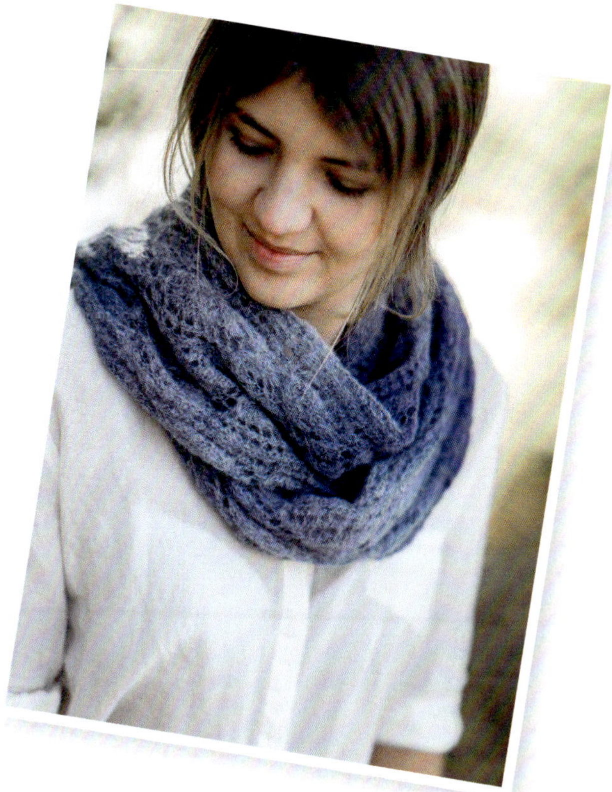

Stola

Schwierigkeitsgrad: mittel

Lochmuster, Blätteroptik und Flausch vereinen sich in dieser luftig-leichten Stola aus weichem Alpaka-Seiden-Garn im Ajourmuster von Seite 14.

Größe:

36,5 cm x 200 cm

Material:

Austermann Alpaca Silk (70 % Alpaka, 30 % Seide, LL = 210 m/25 g): 100 g Meer (Fb 04); Stricknadeln in 4 mm.

Muster:

Blattmuster:

Maschenzahl in der 1. Reihe teilbar durch 14 + 2 Randmaschen. Durch die Zu- und Abnahmen ändert sich die Maschenzahl innerhalb der Strickschrift.

Nach Strickschrift arbeiten. Es sind die Hinreihen eines Höhenrapportes dargestellt.
In den Hinreihen mit der RandM vor dem rechten Pfeil beginnen, den Rapport zwischen den Pfeilen stets wiederholen und mit der RandM nach dem linken Pfeil enden.
In den Rückreihen alle M und Umschläge zwischen den RandM links stricken.

Die 1. – 16. Reihe stets wiederholen.

Maschenprobe:

21 Maschen und 31 Reihen = 10 cm x 10 cm.

So wird's gemacht:

72 M anschlagen und zunächst 1 RückR rechte M stricken.
Dann 624 Reihen = 200 cm im Blattmuster nach Strickschrift arbeiten. Anschließend alle M abketten.

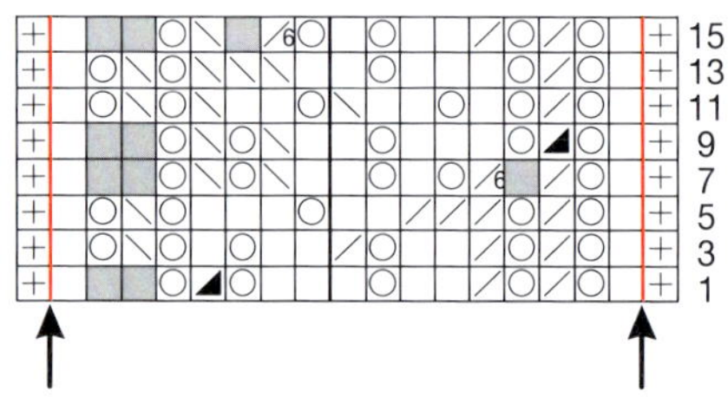

Zeichenerklärung:

- = **Randmasche**
- = **1 Masche rechts**
- = **keine Bedeutung, Masche nicht vorhanden**
- = **1 Umschlag**
- = **2 Maschen rechts zusammenstricken**
- = **2 Maschen rechts überzogen zusammenstricken (= 1 Masche wie zum Rechtsstricken abheben, 1 Masche rechts stricken, dann die abgehobene Masche überziehen)**
- = **3 Maschen rechts zusammenstricken**
- = **6 Maschen rechts zusammenstricken (= 5 Maschen wie zum Rechtsstricken abheben, 1 Masche rechts stricken, dann nacheinander die 5., 4., 3., 2., und 1. Masche überziehen)**

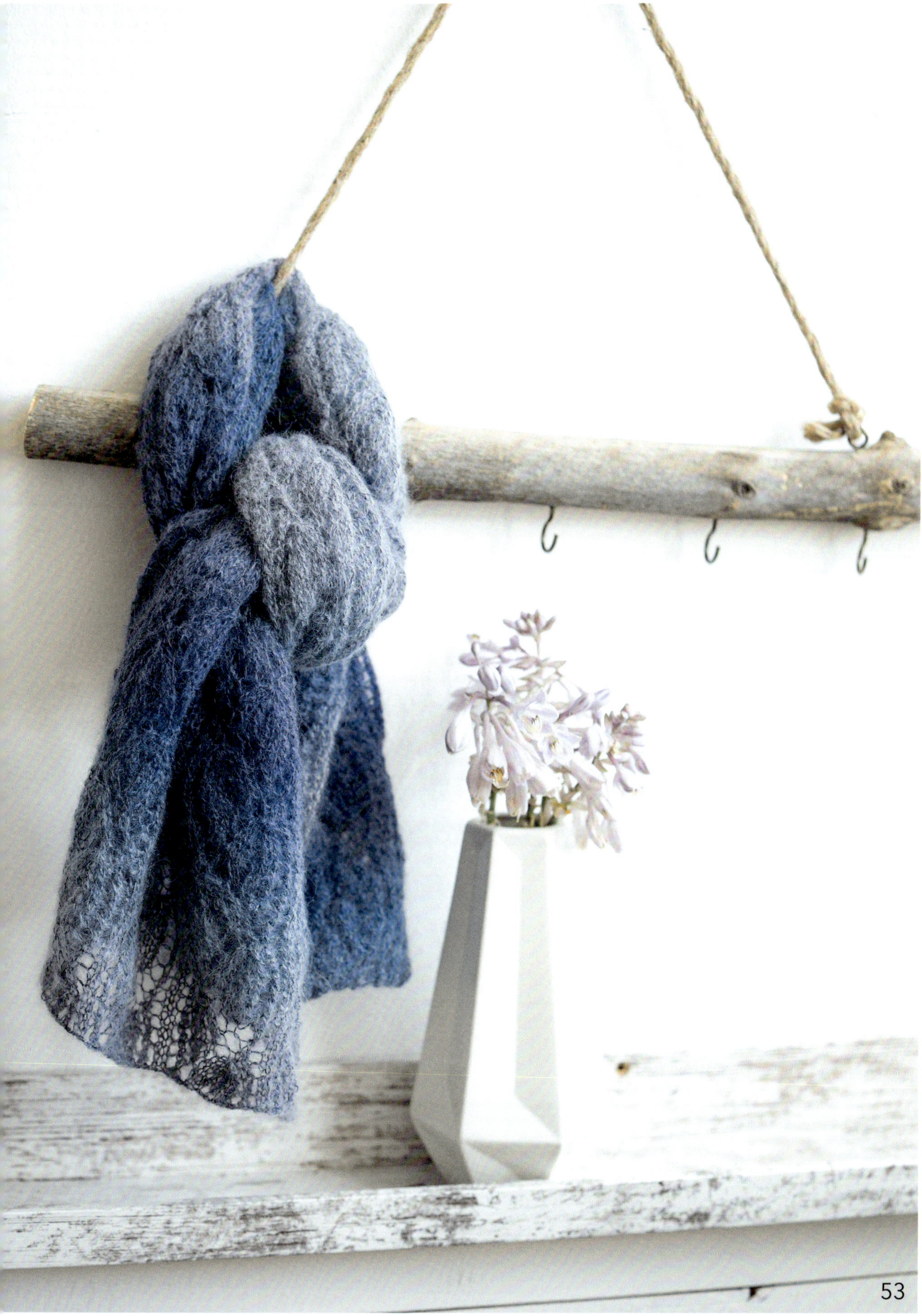

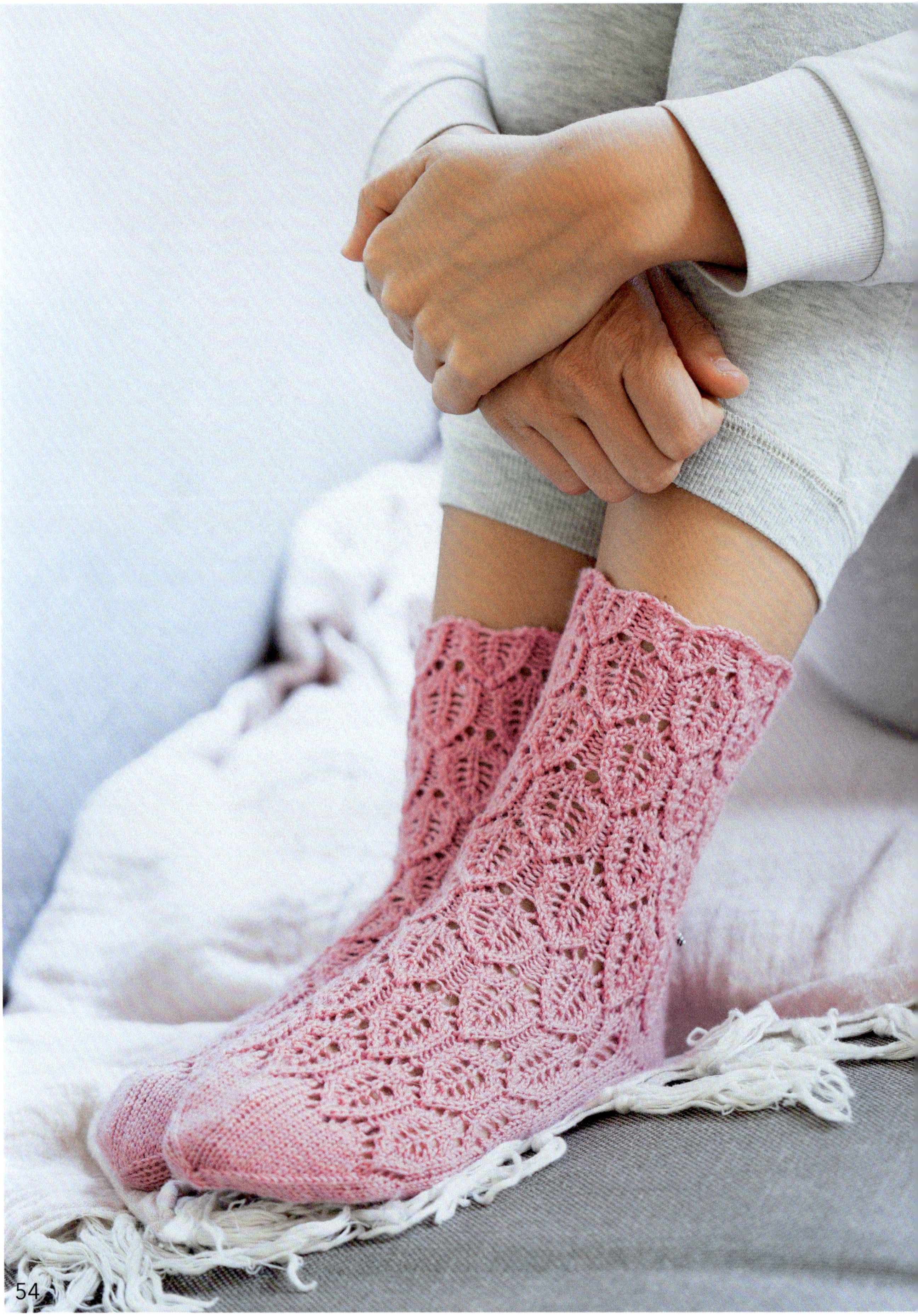

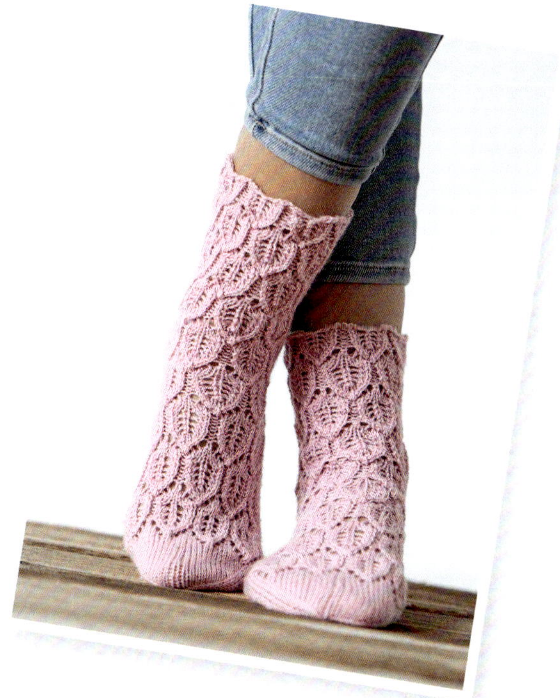

Socken

Schwierigkeitsgrad: mittel

Mustersocken im Herbstlaubmuster aus edlem Sockengarn mit Seidenanteil – Gemütlichkeit und Luxus pur!
[Herbstlaubmuster von Seite 16]

Größe:

36/37 und 38/39
Die Angaben für die größere Größe stehen in Klammern; wenn nur eine Angabe steht, dann gilt diese für alle Größen.

Material:

ONline 2 Supersocke Silk (55 % Schurwolle, 25 % Polyamid, 20 % Seide, LL = 200 m/50 g): 100 g Rosa (Fb 30), Nadelspiel in 2,5 mm.

Muster:

Glatt rechts:
In HinR rechte M und in RückR linke M stricken; in Rd stets rechte M stricken.

Blattmuster:
In Runden Maschenzahl teilbar durch 8, als Muster für den Spann teilbar durch 8 + 1 M. Nach Strickschrift arbeiten. Es sind nur die ungeraden Rd eines Höhenrapportes gezeichnet.
In den ungeraden Runden am Bein nur den Rapport von 8 M zwischen den Pfeilen stets wiederholen, am Spann mit den M vor dem rechten Pfeil beginnen, den Rapport von 8 M stets wiederholen und mit den M nach dem linken Pfeil enden.
In den geraden Runden alle M stricken, wie sie erscheinen, und Umschläge rechts sticken.

Die 1. – 28. Runde stets wiederholen.

Doppel-Masche:
Den Faden vor die Arbeit legen, von rechts nach links in die 1. M einstechen, die M abheben und den Faden fest nach hinten ziehen. Die M wird dabei über die Nadel gezogen und liegt nun doppelt. Wird der Faden nicht fest genug angezogen, entstehen später Löcher.

Maschenprobe:

Glatt rechts: 30 Maschen x 42 Runden = 10 cm x 10 cm; **Blattmuster:** 29 Maschen x 38 Runden – 10 cm x 10 cm.

So wird's gemacht:

64 M anschlagen, gleichmäßig auf 4 Nadeln verteilen (= 16 Maschen je Nadel), zur Rd schließen, den Rd-Übergang markieren und 70 Rd im Blattmuster nach Strickschrift arbeiten.

Dann über die 32 M der 4. und 1. Nadel (= FersenM) die **Bumerangferse** stricken. Dazu die FersenM in 3 Teile aufteilen = 10-12-10 Maschen und glatt rechts in verkürzten R mit Doppel-M von außen nach innen arbeiten:
1. Reihe (Hinreihe): Alle 32 FersenM rechts stricken, wenden.
2. Reihe (Rückreihe): 1 Doppel-M, die übrigen M links stricken, wenden.
3. Reihe (Hinreihe): 1 Doppel-M, alle M bis zur Doppel-M rechts stricken, die Doppel-M selbst bleibt ungestrickt, wenden.
4. Reihe (Rückreihe): 1 Doppel-M, alle M bis zur Doppel-M links stricken, die Doppel-M selbst bleibt ungestrickt, wenden.
Die 3. und 4. Reihe so oft wiederholen, bis zwischen den Doppel-M nur noch die M des mittleren Drittels (= 12 Maschen) übrig sind. Die letzte Reihe ist eine Hinreihe und gleichzeitig der Beginn von 2 Rd, die über die M aller Nadeln gestrickt werden: die M der 2. und 3. Nadel weiter im Blattmuster, die M der 4. und 1. Nadel glatt rechts stricken. Dabei in der 1. Rd bei den Doppel-M beide Maschenteile gleichzeitig erfassen und rechts zusammenstricken. Nach diesen 2 Rd wieder verkürzte Reihen mit Doppel-M stricken, jedoch diesmal von innen nach außen.
1. Reihe (Hinreihe): Die FersenM der ersten beiden Drittel (= 22 Maschen) rechts stricken, wenden.
2. Reihe (Rückreihe): 1 Doppel-M, die M bis einschließlich der letzten M des mittleren Drittels links stricken (= 10 ungestrickte M auf der linken Nadel), wenden.
3. Reihe (Hinreihe): 1 Doppel-M, alle M bis zur Doppel-M rechts stricken, die Doppel-M mit beiden Maschenteilen rechts zusammenstricken, 1 M rechts stricken, wenden.
4. Reihe (Rückreihe): 1 Doppel-M, alle M bis zur Doppel-M links stricken, die Doppel-M mit beiden Maschenteilen links zusammenstricken, 1 M links stricken, wenden.
Die 3. und 4. Reihe so oft wiederholen, bis wieder über alle FersenM gestrickt wird. Die letzte Reihe ist eine Hinreihe und gleichzeitig der Beginn der 1. Rd des Fußteils.

Für den **Fuß** über die M der 2. und 3. Nadel im Blattmuster und über die M der 1. und 4. Nadel glatt rechts stricken, dabei über die mittleren 33 M das Blattmuster fortsetzen und die seitlichen Ränder wie in der Strickschrift gezeichnet stricken.

Nach 56 (62) Rd eine **Bandspitze** arbeiten: Glatt rechts in Rd arbeiten und in der 1. Rd und in jeder folgenden Abnahme-Rd die zweit- und drittletzte M der 1. und 3. Nadel rechts zusammenstricken und die 2. M der 2. und 4. Nadel rechts abheben, die 3. Masche rechts stricken und die abgehobene Masche darüber ziehen. Weiter glatt rechts in Rd stricken und die Abnahmen noch 6x in jeder 2. Rd und 7x in jeder Rd an den gleichen Abnahmestellen ebenso arbeiten = 8 Maschen. Den Faden abschneiden, zweimal durch die 8 M ziehen und vernähen. Beide Socken auf die Weise arbeiten.

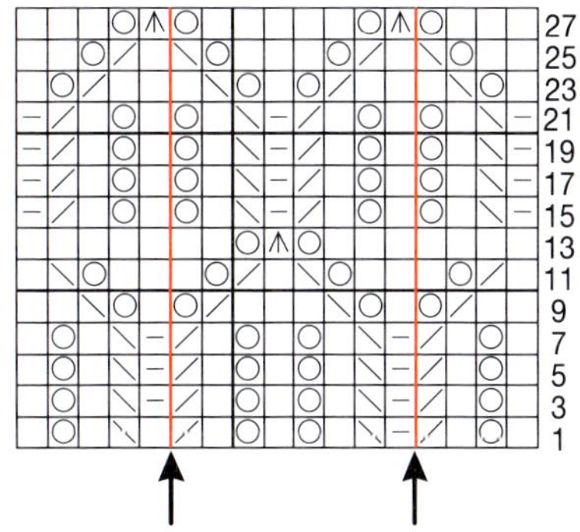

Zeichenerklärung:

- □ = **1 Masche rechts**
- – = **1 Masche links**
- ○ = **1 Umschlag**
- / = **2 Maschen rechts zusammenstricken**
- \ = **2 Maschen rechts überzogen zusammenstricken (= 1 Masche wie zum Rechtsstricken abheben, 1 Masche rechts stricken, dann die abgehobene Masche überziehen)**
- ⋀ = **3 Maschen mit oben aufliegender Mittelmasche rechts zusammenstricken (= 2 Maschen gemeinsam wie zum Rechtsstricken abheben, 1 Masche rechts stricken, dann beide abgehobenen Maschen zusammen überziehen)**

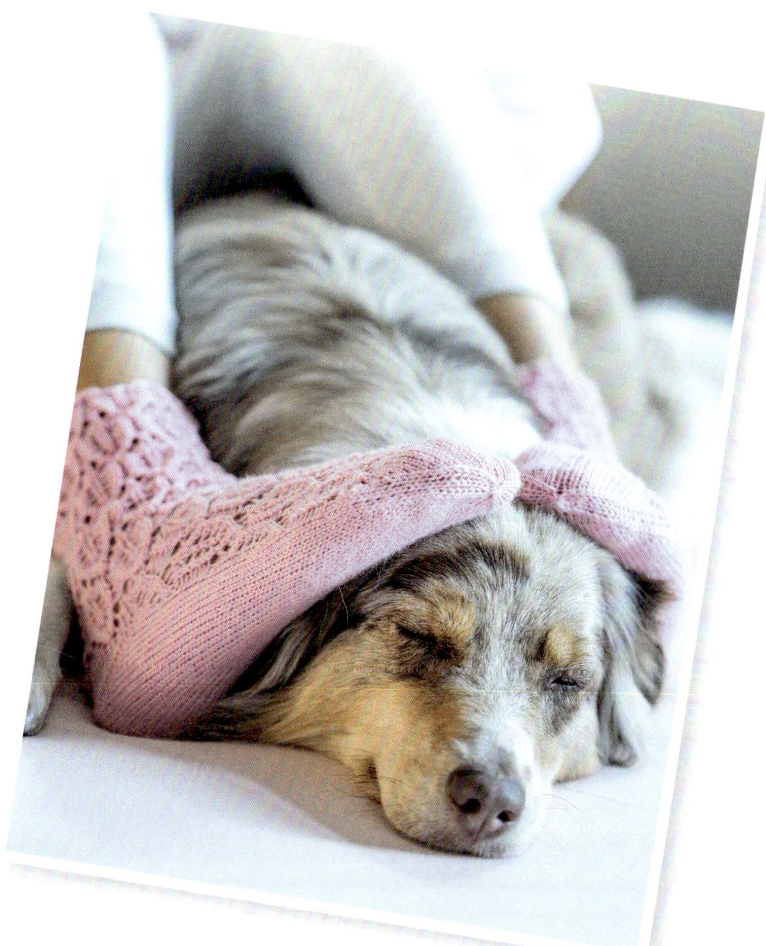

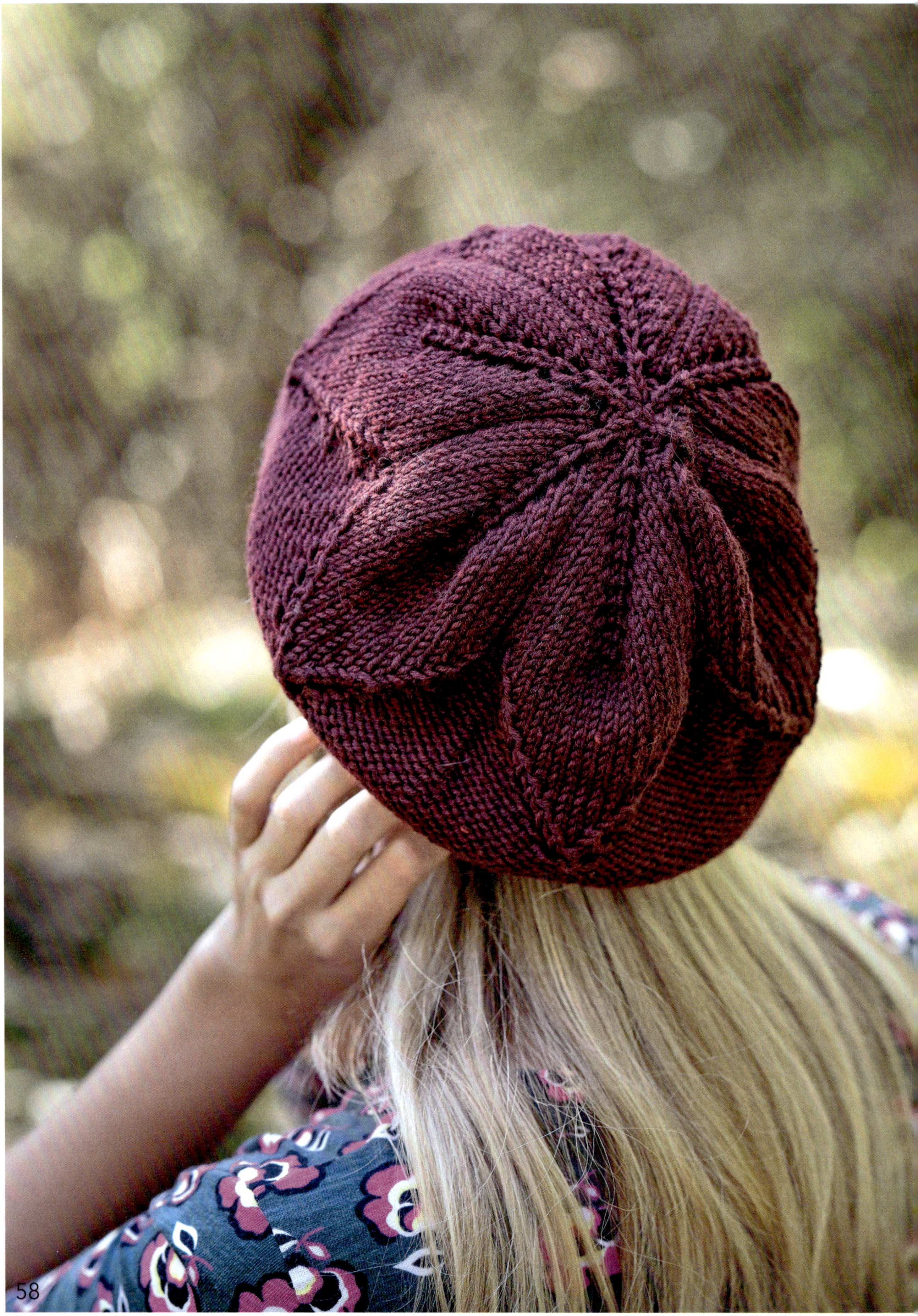

Baskenmütze

Schwierigkeitsgrad: mittel

Blattmuster eigenen sich besonders gut für Mützen, da sich die Form wie hier im Große-Blätter-Muster von Seite 18 von ganz alleine durch die Zunahmen der rundgestrickten Blätter ergibt.

Größe:

54 – 58 cm Kopfumfang

Material:

Lana Grossa Cool Wool Big (100 % Schurwolle, LL = 120 m/50 g): 100 g Dunkelrot/Schwarzrot meliert (Fb 319); Nadelspiel in 4,5 mm; je eine kurze Rundstricknadel in 4 und 4,5 mm.

Muster:

Rippenmuster: 1 M rechts, 1 M links im Wechsel stricken.

Glatt links in Runden: Stets linke M stricken.

Blattmuster:
Maschenzahl in der 1. Runde teilbar durch 2 und in der 39. Runde teilbar durch 20. Durch die Zunahmen in der Strickschrift ändert sich die Maschenzahl im Rapport.
Nach Strickschrift arbeiten. Es sind nur ungerade Runde gezeichnet.
In den ungeraden Runden die M des Rapportes stets wiederholen.
In den geraden Runden alle M stricken, wie sie erscheinen, die Umschläge in der 2. – 18. Runde rechts und in der 24. – 40. Runde links stricken. Den Rapport zwischen den Pfeilen 6x arbeiten.

1x die 1. – 40. Runde arbeiten.

Maschenprobe:

Glatt links mit Nadelstärke 4,5 mm: 19 Maschen und 24 Runden = 10 cm x 10 cm.

So wird's gemacht:

12 M mit dem Nadelspiel in 4,5 mm anschlagen, die M gleichmäßig auf 4 Nadeln verteilen (= 3 Maschen pro Nadel), zur Rd schließen, den Rd-Übergang markieren und 1 Rd im Rippenmuster stricken, dabei mit 1 M rechts, 1 M links beginnen. Dann 40 Rd im Blattmuster stricken (= 120 Maschen). Durch die Zunahmen erhöht sich dabei nach und nach die Maschenzahl. Sobald zu viele M auf dem Nadelspiel liegen, auf die Rundstricknadel wechseln. Danach 13 Rd glatt links stricken.

Anschließend für den **Bund** mit dem Nadelspiel in 4 mm 11 Rd im Rippenmuster arbeiten, dabei in der 1. Rd gleichmäßig verteilt 24 M abnehmen = 96 Maschen. Dann alle M abketten.

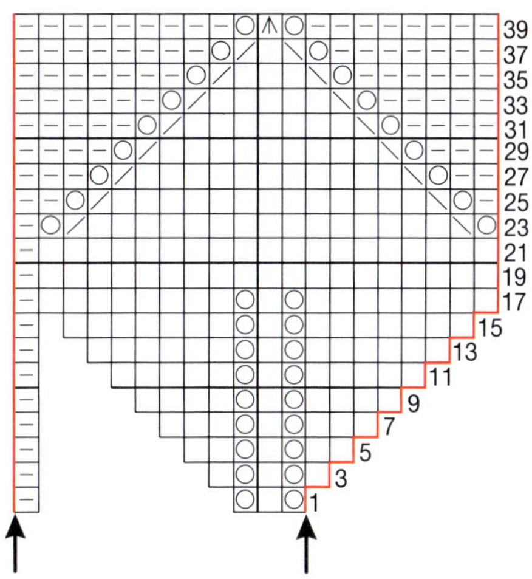

Zeichenerklärung:

- **= 1 Masche rechts**
- **= 1 Masche links**
- **= 1 Umschlag**
- **= 2 Maschen rechts zusammenstricken**
- **= 2 Maschen rechts überzogen zusammenstricken (= 1 Masche wie zum Rechts stricken abheben, 1 Masche rechts stricken, dann die abgehobene Masche überziehen)**
- **= 3 Maschen rechts zusammenstricken**

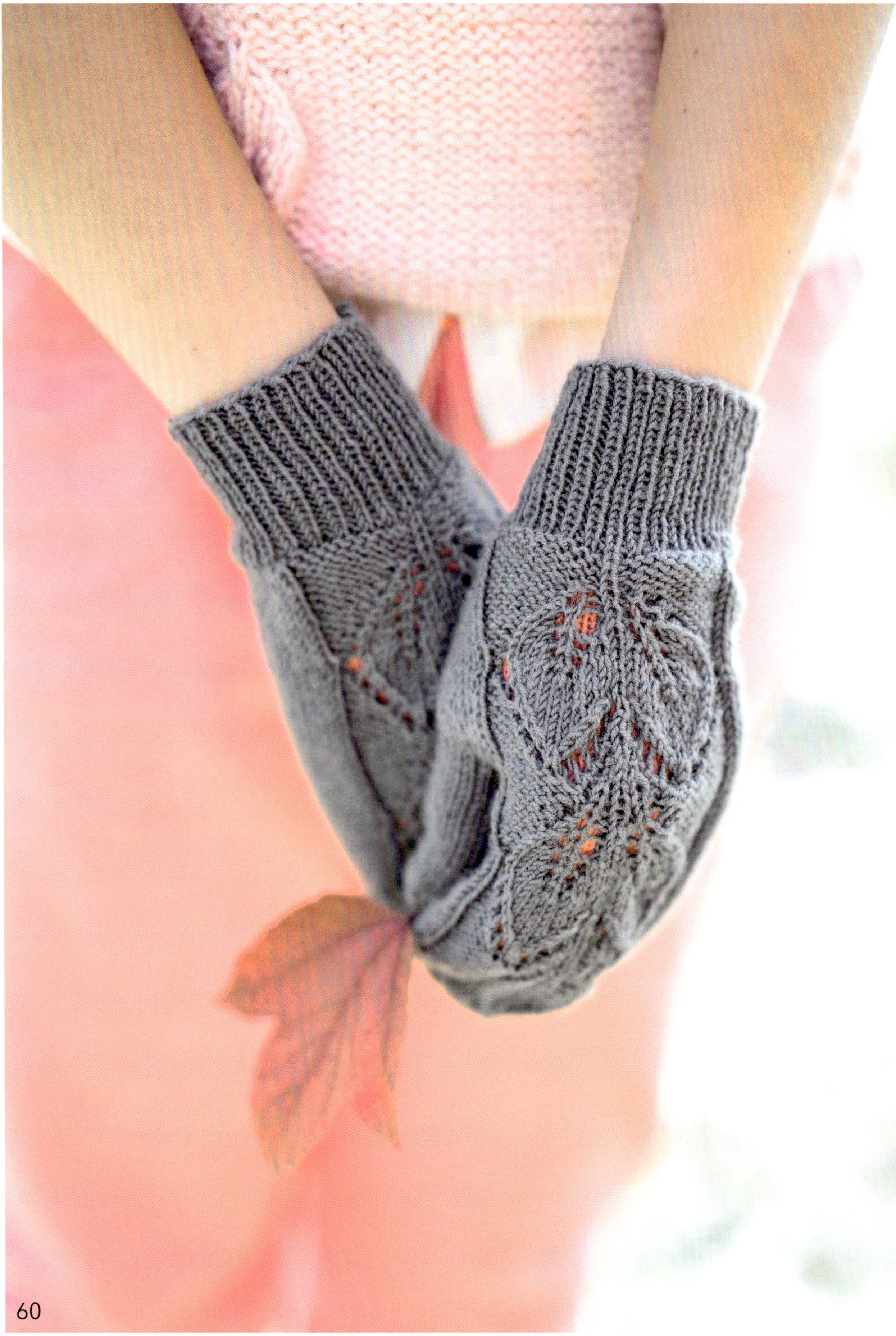

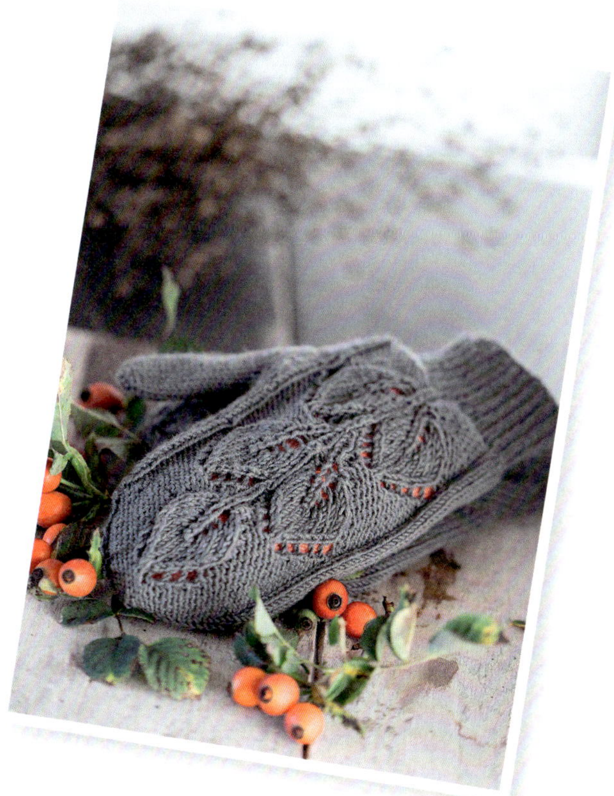

Fäustlinge

Schwierigkeitsgrad: mittel

Winterwarme Fausthandschuhe - durch das Blattrankenmuster von Seite 20 in Grau schimmert ein himbeerroter Innenhandschuh hindurch.

Größe:

20 – 22 (23 – 25) cm Handumfang, ca. 25 (27) cm lang. Die Angaben für die größere Größe stehen hintereinander in Klammern. Steht nur eine Angabe, so gilt diese für alle Größen.

Material:

ONline Linie 5 Corafino (60 % Schurwolle, 40 % Polyacryl, LL = 175 m/50 g): je 50 g Mittelgrau (Fb 42) und Himbeer (Fb 38); Nadelspiel in 2,5 und 3 mm.

Muster:

Rippenmuster:
1 M rechts, 1 M links im Wechsel stricken.

Glatt rechts in Runden: Stets rechte M stricken.

Glatt links in Runden: Stets linke Maschen stricken.

Blattmuster über 21 Maschen:
Nach Strickschrift arbeiten. Durch die Zunahmen und Abnahmen verändert sich die Maschenzahl. Es sind nur ungerade Runden gezeichnet.
In den ungeraden Runden 1x die notierten M arbeiten.
In den geraden Runden die M stricken, wie sie erscheinen, und Umschläge der Vor-Rd arbeiten wie in der Zeichenerklärung notiert.
1x die 1. – 63. Runde arbeiten.

Maschenprobe:

Glatt rechts: 25 Maschen x 32 Runden = 10 cm x 10 cm; **Blattmuster:** 21 Maschen x 32 Runden = 8 cm x 10 cm.

So wird's gemacht:

Bei dem inneren und dem äußeren rechten Fäustling werden die M der Handfläche auf der 1. und 2. Nadel und die M des Handrückens auf der 3. und 4. Nadel gestrickt, bei beiden linken Fäustlingen entsprechend umgekehrt.

Für den **äußeren rechten Fäustling** 52 (60) M mit Nadelstärke 2,5 mm in Mittelgrau anschlagen, die M gleichmäßig auf 4 Nadeln verteilen (= 13 (15) Maschen pro Nadel), zur Rd schließen und den Rd-Übergang markieren. Für den Bund 6 (8) cm = 21 (28) Runden im Rippenmuster stricken.
Dann mit Nadelstärke 3 mm die M wie folgt einteilen und in der 1. Rd am Rd-Ende 1 M abnehmen = 51 (59) Maschen: 28 (34) M glatt rechts, 21 M Blätter, 2 (4) M glatt rechts.

Nach 2 cm = 6 Runden ab Bund für den Daumenkeil die 4. M der 1. Nadel markieren und beidseitig der markierten M je 1 M aus dem Querfaden rechts verschränkt herausstricken = 3 Maschen Daumenkeil. Die nächsten Zunahmen wie folgt stricken: * In der folgenden 3. Rd vor und nach den Daumenkeil-M je 1 M aus dem Querfaden rechts verschränkt herausstricken; ab * 6x (7x) arbeiten = 13 (15) Daumenkeil-M, über die Daumenkeil-M in den folgenden Rd dabei glatt rechts stricken. Dann die 13 (15) M des Daumenkeils stilllegen.

Für den Daumensteg 5 M neu anschlagen, die M damit wieder zur Rd schließen und 1 Rd stricken: über die 5 M des Daumenstegs glatt rechts, über die übrigen M das jeweilige Muster weiterführen. In der nächsten Rd die 1. M des Daumenstegs mit der M davor rechts überzogen zusammenstricken (= 1 M wie zum Rechtsstricken abheben, 1 M rechts, dann die abgehobene M überziehen) und die letzte M des Daumenstegs mit der M danach rechts zusammen. Diese Abnahme in jeder Rd wiederholen, bis nur noch 1 M des Stegs übrig ist = 51 (59) Maschen.

Nach den 63 Rd des Blattmusters über diese M glatt links weiterarbeiten. Gleichzeitig nach 50 Rd ab Bund die jeweils erste M der 1. Nadel mit der folgenden M rechts überzogen zusammen und die jeweils letzte M der 2. Nadel mit der M davor rechts zusammen und die erste M der 3. Nadel mit der folgenden M mustergemäß überzogen zusammen und die jeweils letzte M der 4. Nadel mit der M davor mustergemäß zusammen = 47 (55) Maschen. Diese Abnahmen 6x (3x) in jeder 2. Rd und 4x (9x) in jeder Rd wiederholen = 5 Maschen. Die restlichen 5 M mit dem abgeschnittenen Faden zusammenziehen.

Für den Daumen die stillgelegten 13 (15) M des Daumenkeils auf eine Nadel nehmen, 5 M aus dem Steg auffassen (= 18 (20) Maschen) und die M gleichmäßig auf 3 Nadeln verteilen (= 6 (7-6-7) Maschen pro Nadel). Glatt rechts in Rd stricken und in der folgenden Rd die 1. Steg-M mit der M davor rechts überzogen zusammen und die letzte Steg-M mit der M danach rechts zusammen. Diese Abnahmen in jeder Rd wiederholen, bis nur noch 1 M des Stegs übrig ist = 14 (16) Maschen. Über diese M glatt rechts in Rd gerade hoch stricken. Am Fingerende stets 2 M rechts zusammen. Die restlichen 7 (8) M mit dem abgeschnittenen Faden zusammenziehen.

Den **äußeren linken Fäustling** gegengleich arbeiten, dabei für den Daumenkeil die 4.-letzte M der 4. Nadel markieren.

Für den **inneren rechten Fäustling** 44 (52) M mit Nadelstärke 3 mm in Himbeer anschlagen, die M gleichmäßig auf vier Nadeln verteilen (= 11 (13) Maschen pro Nadel), zur Rd schließen, den Rd-Übergang makieren und 6 Rd = 2 cm glatt rechts in Rd stricken.

Dann für den Daumenkeil die 4. M der 1. Nadel markieren und in den folgenden Rd einen Daumenkeil wie beim äußeren Fäustling arbeiten. Dann alle 13 (15) M des Daumenkeils abketten.

Für den Daumensteg 5 M dazu anschlagen, die M zur Rd schließen und 1 Rd stricken, dabei über die 5 M des Daumenstegs glatt rechts stricken. In der folgenden Rd die 1. M des Daumenstegs mit der M davor rechts überzogen zusammen und die letzte M des Daumenstegs mit der M danach rechts zusammen. Diese Abnahme in jeder Rd wiederholen, bis nur noch 1 M des Stegs übrig ist = 44 (52) Maschen.

Nach 56 Rd ab Anschlag die jeweils erste Masche der 1. und 3. Nadel mit der folgenden Masche rechts überzogen zusammen und die jeweils letzte M der 2. und 4. Nadel mit der M davor rechts zusammen = 40 (48) Maschen. Diese Abnahmen 4x (2x) in jeder 2. Rd und 3x (7x) in jeder Rd an den gleichen Abnahmestellen wiederholen. Die restlichen 8 Maschen mit dem abgeschnittenen Faden zusammenziehen.

Den **inneren linken Fäustling** gegengleich arbeiten, dabei für den Daumenkeil die 4.-letzte M der 4. Nadel markieren.

Fertigstellung:

Den inneren Fäustling jeweils innen in den äußeren nähen, dabei am Bund ansetzen.

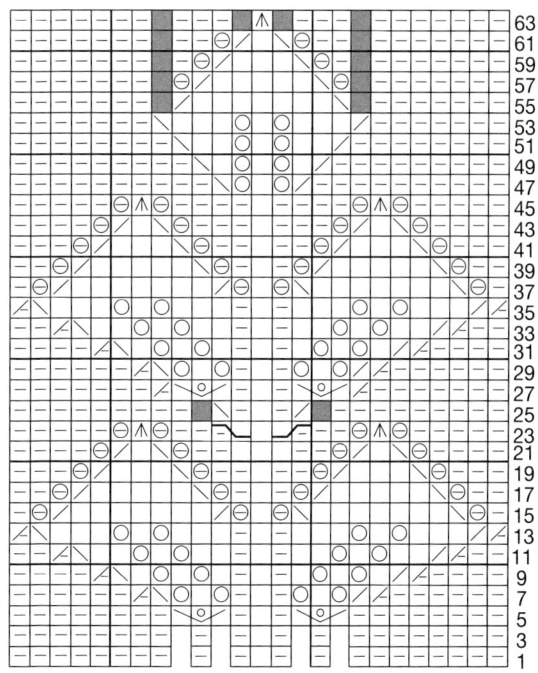

Zeichenerklärung:

= **1 Masche rechts**

= **1 Masche links**

= **keine Bedeutung, Masche nicht vorhanden**

= **1 Umschlag (in der folgenden Runden rechts stricken)**

= **1 Umschlag (in der folgenden Runden links stricken)**

= **2 Maschen rechts zusammenstricken**

= **2 Maschen links zusammenstricken**

= **2 Maschen rechts überzogen zusammenstricken (= 1 Masche wie zum Rechtsstricken abheben, 1 Masche rechts stricken, dann die abgehobene Masche überziehen)**

= **3 Maschen mit oben aufliegender Mittelmasche rechts überzogen zusammenstricken (= 2 Maschen gemeinsam wie zum Rechtsstricken abheben, 1 Masche rechts stricken, dann die beiden abgehobenen Maschen zusammen überziehen)**

= **1 Masche auf eine Hilfsnadel vor die Arbeit legen, 1 Maschen links stricken, dann die Masche der Hilfsnadel rechts stricken**

= **1 Masche auf eine Hilfsnadel hinter die Arbeit legen, 1 Masche rechts stricken, dann die Masche der Hilfsnadel links stricken**

= **3 Maschen aus 1 Masche herausstricken (= 1 Masche rechts, 1 Umschlag, 1 Masche rechts)**

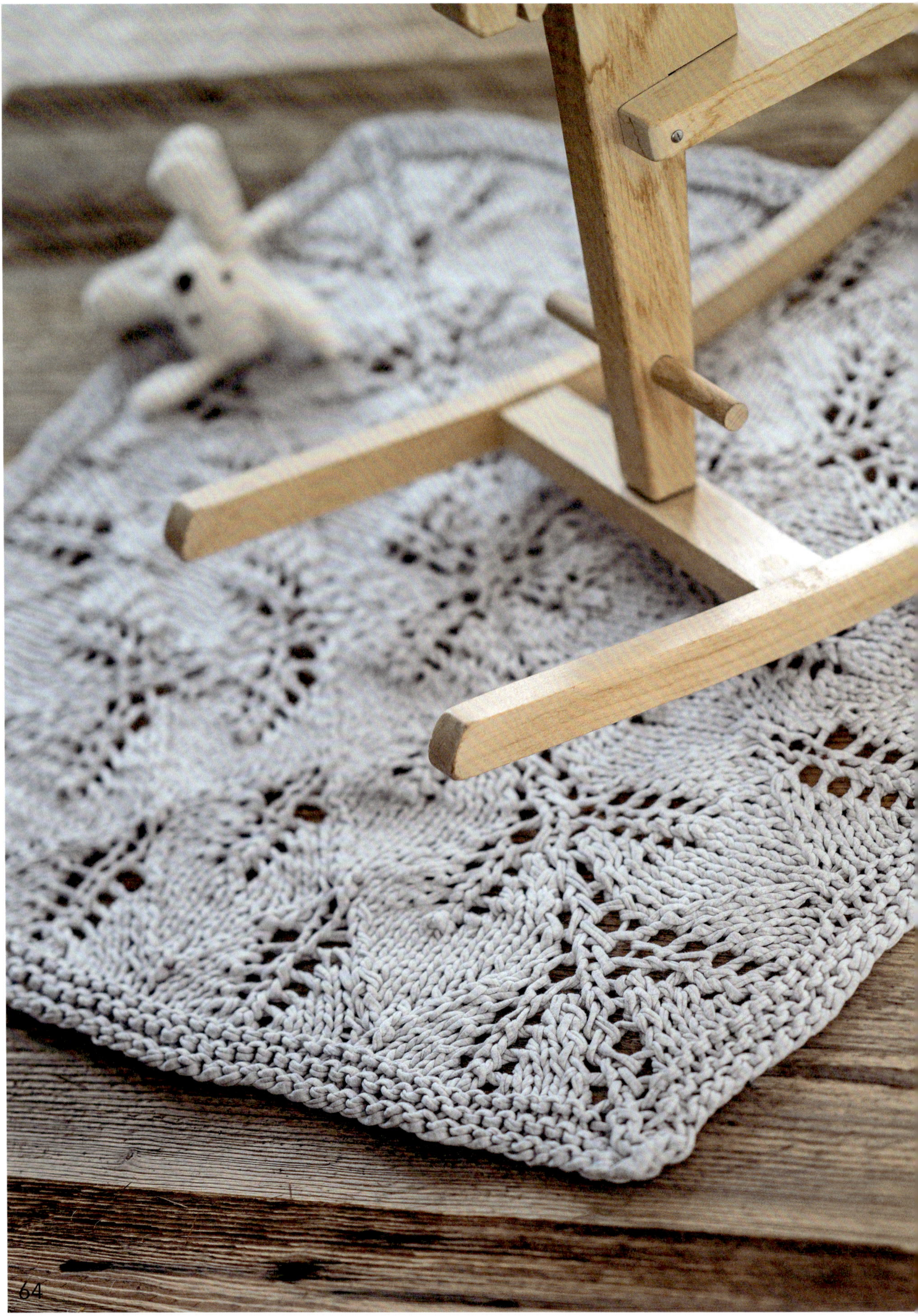

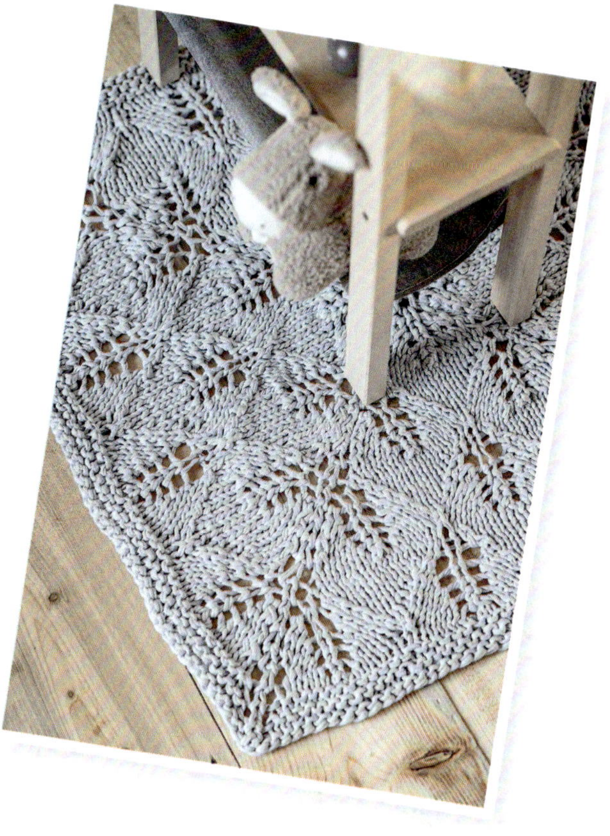

Teppich

Schwierigkeitsgrad: mittel

Durch die Zunahmen in den 4 Ecken lässt sich der quadratische kleine Teppich im Rautenblättermuster von Seite 24 in der Mitte beginnend von innen nach außen stricken.

Größe:

77 cm x 77 cm

Material:

Hoooked Zpagetti (90 % Baumwolle, 10 % andere Fasern, LL = 120 m/ 800 g) 1600 g Grey anatomic; Nadelspiel in 8 mm und verschieden lange Rundstricknadeln in 8 mm.

Muster:

Kraus rechts in Runden:
1 Rd rechte M, 1 Rd linke M im Wechsel stricken.

Blattmuster:
Maschenzahl in der 1. Runde teilbar durch 1. Durch die Zunahmen ändert sich die Maschenzahl von Runde zu Runde.
Nach Strickschrift arbeiten. Es sind nur die ungerade Runden gezeichnet.
In den ungeraden Runden den Rapport 4x pro Rd arbeiten.
In den geraden Runden alle M und Umschläge links stricken.

1x die 1. – 48. Runde arbeiten.

Maschenprobe:

7,5 Maschen und 12 Runden = 10 cm x 10 cm.

So wird's gemacht:

4 M anschlagen, gleichmäßig auf 4 Nadeln verteilen (= 1 Masche pro Nadel), zur Rd schließen, den Rd-Übergang markieren und 1 Rd rechte M stricken.
Dann 48 Rd im Blattmuster nach Strickschrift arbeiten. Mit steigender Zahl an M nach und nach auf längere, passende Rundstricknadeln wechseln.

In den folgenden 6 Rd zwischen den Eck-M (= die letzte M der Strickschrift) kraus rechts und die Eck-M selbst glatt rechts stricken, dabei weiterhin in jeder 2. Rd beidseitig der Eck-M je 1 Umschlag arbeiten und über diese ebenfalls kraus rechts stricken. Maschen abketten.

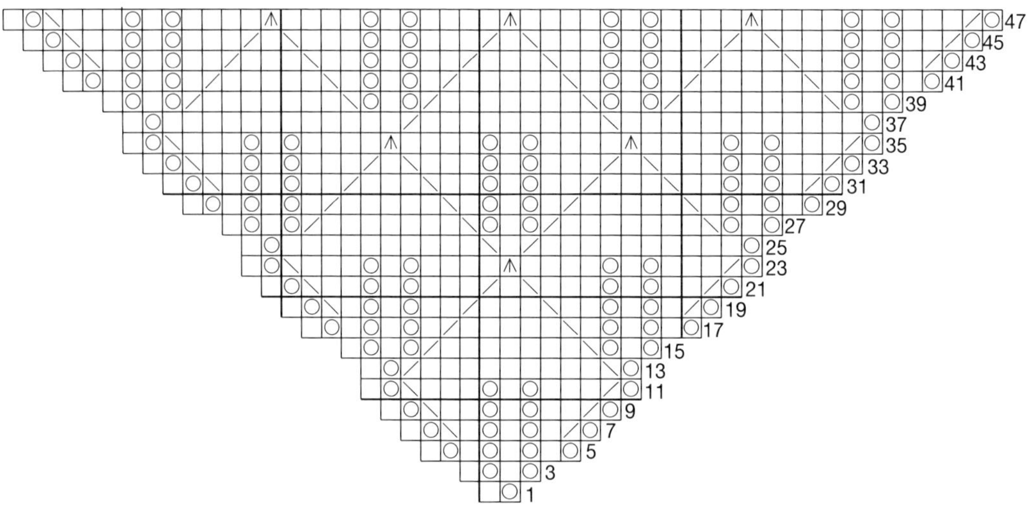

Zeichenerklärung:

- **= 1 Masche rechts**
- **= 1 Umschlag**
- **= 2 Maschen rechts zusammenstricken**
- **= 2 Maschen rechts überzogen zusammenstricken (= 1 Masche wie zum Rechtsstricken abheben, 1 Masche rechts stricken, dann die abgehobene Masche überziehen)**
- **= 3 Maschen mit oben auf liegender Mittelmasche rechts zusammenstricken (= 2 Maschen gemeinsam wie zum Rechtsstricken abheben, 1 Masche rechts stricken, dann beide abgehobene Maschen zusammen überziehen)**

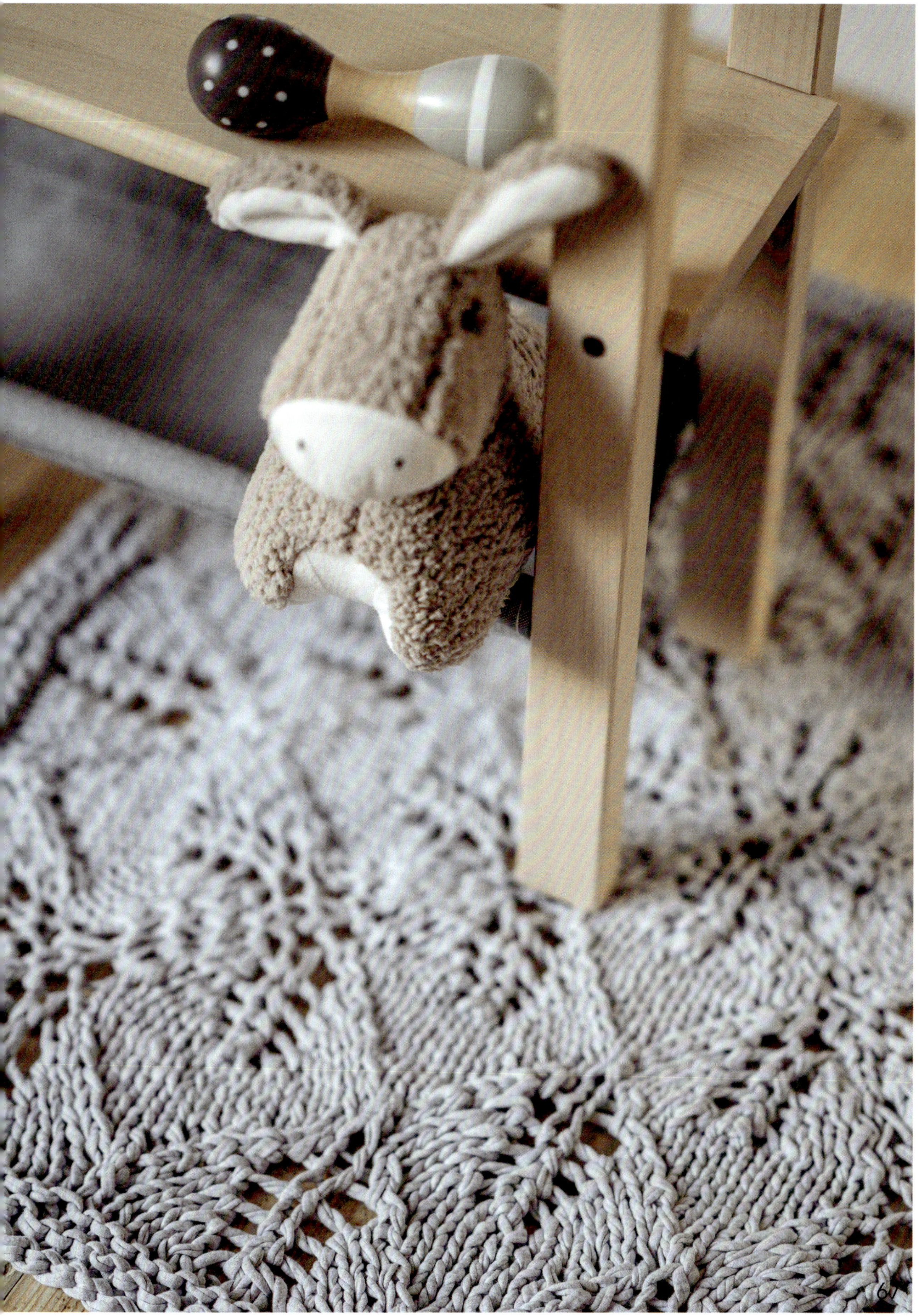

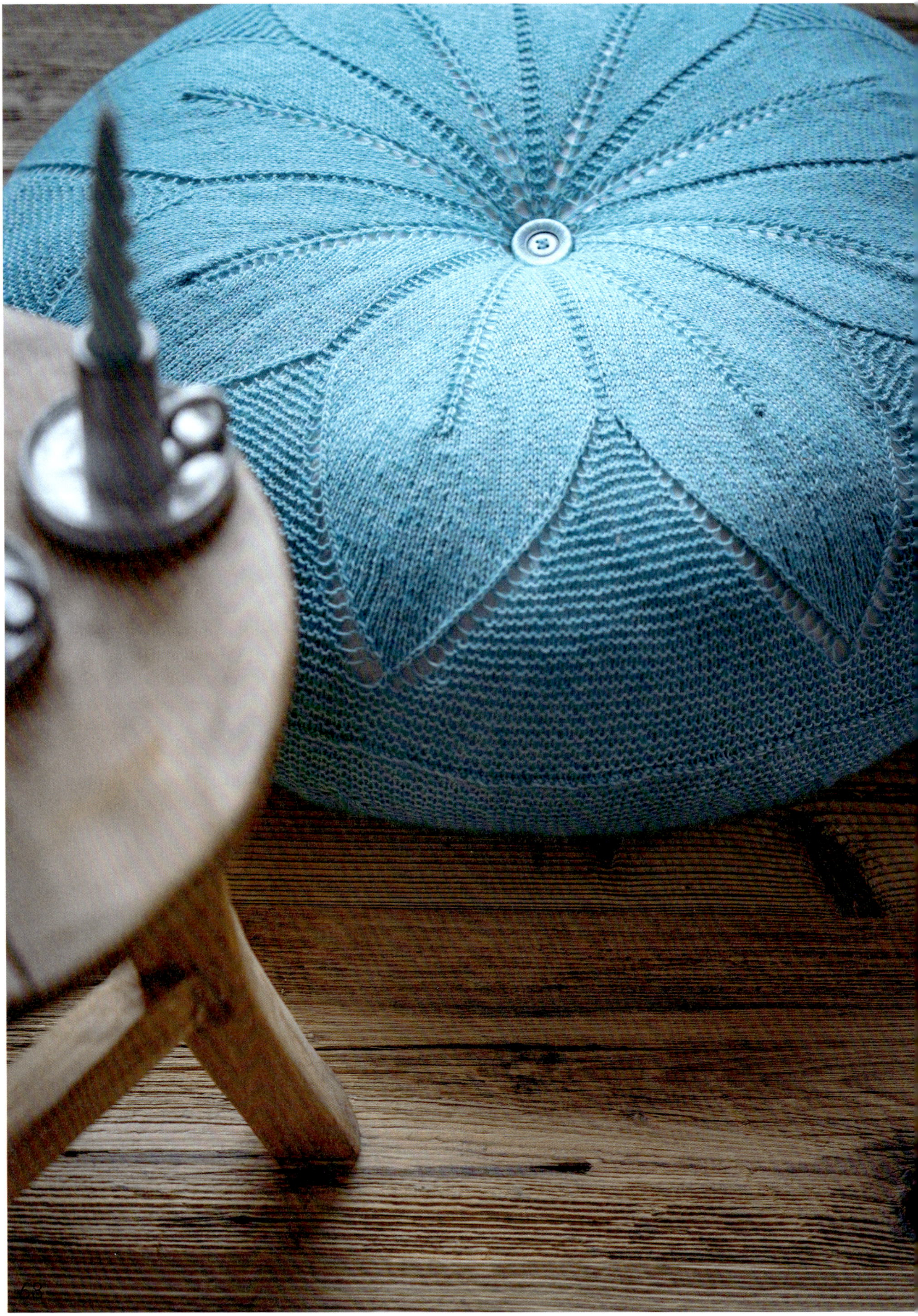

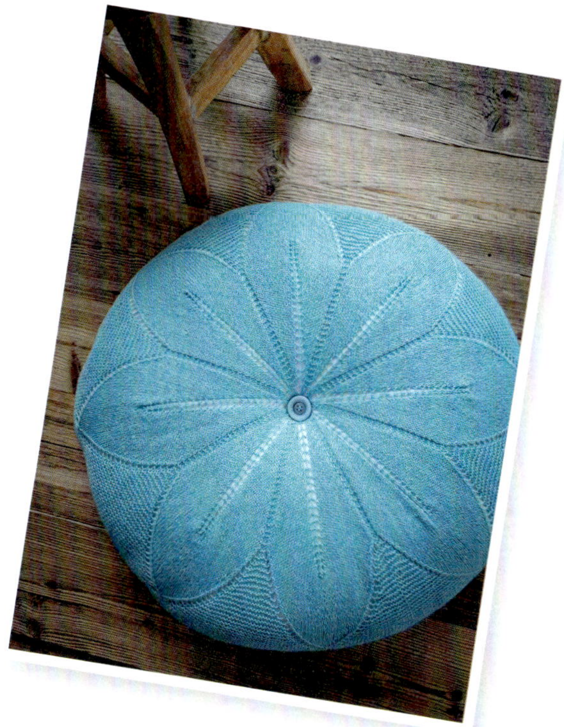

Kissen

Schwierigkeitsgrad: mittel

Den faszinierenden Bezug dieses Rundkissens zieren rund angeordnete Blätter, wie sie im Große-Blätter-Muster von Seite 18 gearbeitet werden. Hier aber einzeln und nebeneinander in Runden angeordnet.

Größe:

75 cm Durchmesser

Material:

Lana Grossa Ecopuno (72 % Baumwolle, 17 % Schurwolle, 11 % Alpaka, LL = 215 m/50 g): 300 g Türkis (Fb 28); Nadelspiel in 4 mm und verschieden lange Rundstricknadeln in 4 mm; Kisseninlett, 75 cm Durchmesser, ca. 20 cm hoch; zwei Knöpfe, 34 mm Durchmesser.

Muster:

Kraus rechts in Runden:
1 Rd rechte M, 1 Rd linke M im Wechsel stricken.

Blattmuster:
Maschenzahl in der 1. Runde teilbar durch 1, durch die Zunahmen ändert sich die Maschenzahl des Rapportes zunächst von Runde zu Runde und ist ab der 47. Runde teilbar durch 48. Nach Strickschrift arbeiten. Es sind nur ungerade Runden gezeichnet.

In den ungeraden Runden den Rapport 8x pro Rd arbeiten.
In den geraden Runden die M arbeiten, wie in der Zeichenerklärung für die M der Vor-Rd angegeben ist.

1x die 1. – 92. Runde arbeiten.

Maschenprobe:

Kraus rechts: 22 Maschen und 38 Runden = 10 cm x 10 cm; **Blattmuster:** 25 Maschen und 32 Runden = 10 cm x 10 cm.

So wird's gemacht:

Für die 1. Kissenhälfte 8 M anschlagen, die M gleichmäßig auf 4 Nadeln verteilen (= 2 Maschen pro Nadel), zur Rd schließen, den Rd-Übergangmarkieren und 1 Rd rechte M stricken.
Dann 91 Rd im Blattmuster nach Strickschrift arbeiten. Durch die Zunahmen liegen nach der letzten Rd 384 M auf der Nadel. Mit steigender Zahl an M nach und nach auf längere, passende Rundstricknadeln wechseln. Anschließend noch 12 Rd kraus rechts stricken. Dann die M stilllegen und die 2. Kissenhälfte ebenso arbeiten.

Fertigstellung:
Die beiden Kissenhälften links auf links legen und die stillgelegten M beider Hälften wie folgt elastischen zusammen abketten: [je 1 M von oberer und unterer Hälfte rechts zusammen] 2x, beide M zurück auf eine der beiden linken Nadeln heben und beide M rechts verschränkt zusammen, * [je 1 M von oberer und unterer Hälfte rechts zusammen], beide M der rechten Nadel zurück auf eine linke Nadel heben und beide M rechts verschränkt zusammen; ab * stets wiederholen, bis alle M abgekettet sind, dabei nach etwas mehr als der Hälfte bereits das Kisseninlett einlegen.
Die Zierknöpfe in der Mitte des Kissens annähen, dabei die Mitte des Kissens etwas zusammendrücken.

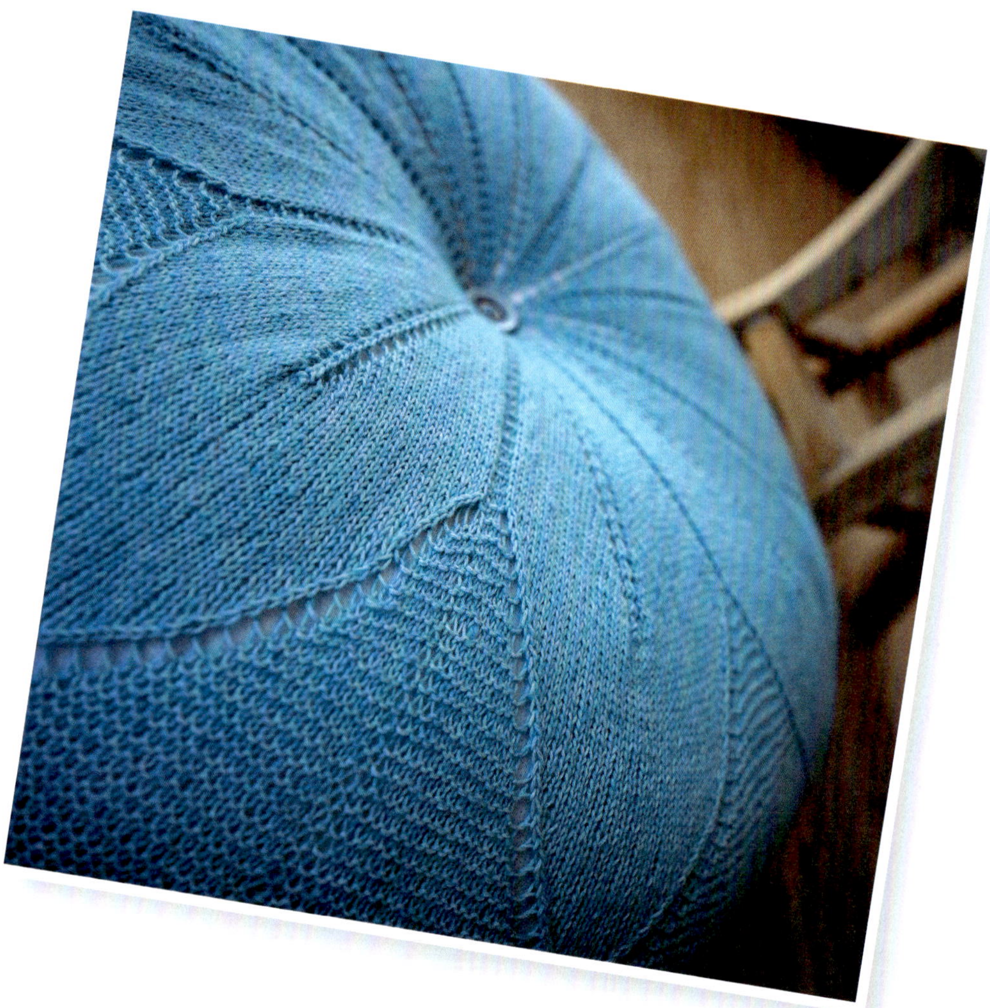

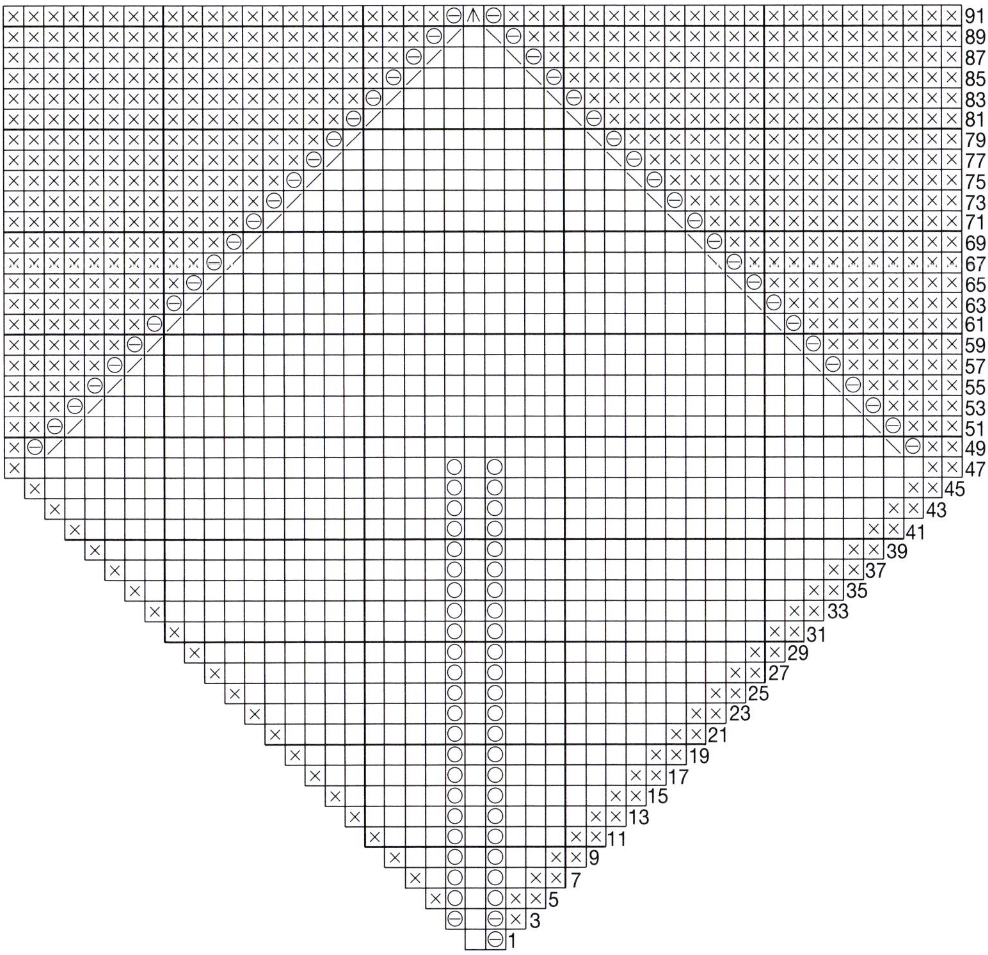

Zeichenerklärung:

- ☐ = 1 Masche rechts
- ☒ = 1 Masche kraus rechts (1 Runde rechte Maschen, 1 Runde linke Maschen im Wechsel stricken)
- ◯ = 1 Umschlag (in der folgenden Runde rechts stricken)
- ⊖ = 1 Umschlag (in der folgenden Runde links stricken)
- ⁄ = 2 Maschen rechts zusammenstricken
- \ = 2 Maschen rechts überzogen zusammenstricken (= 1 Masche wie zum Rechtsstricken abheben, 1 Masche rechts stricken, dann die abgehobene Masche überziehen)
- ∧ = 3 Maschen rechts zusammenstricken

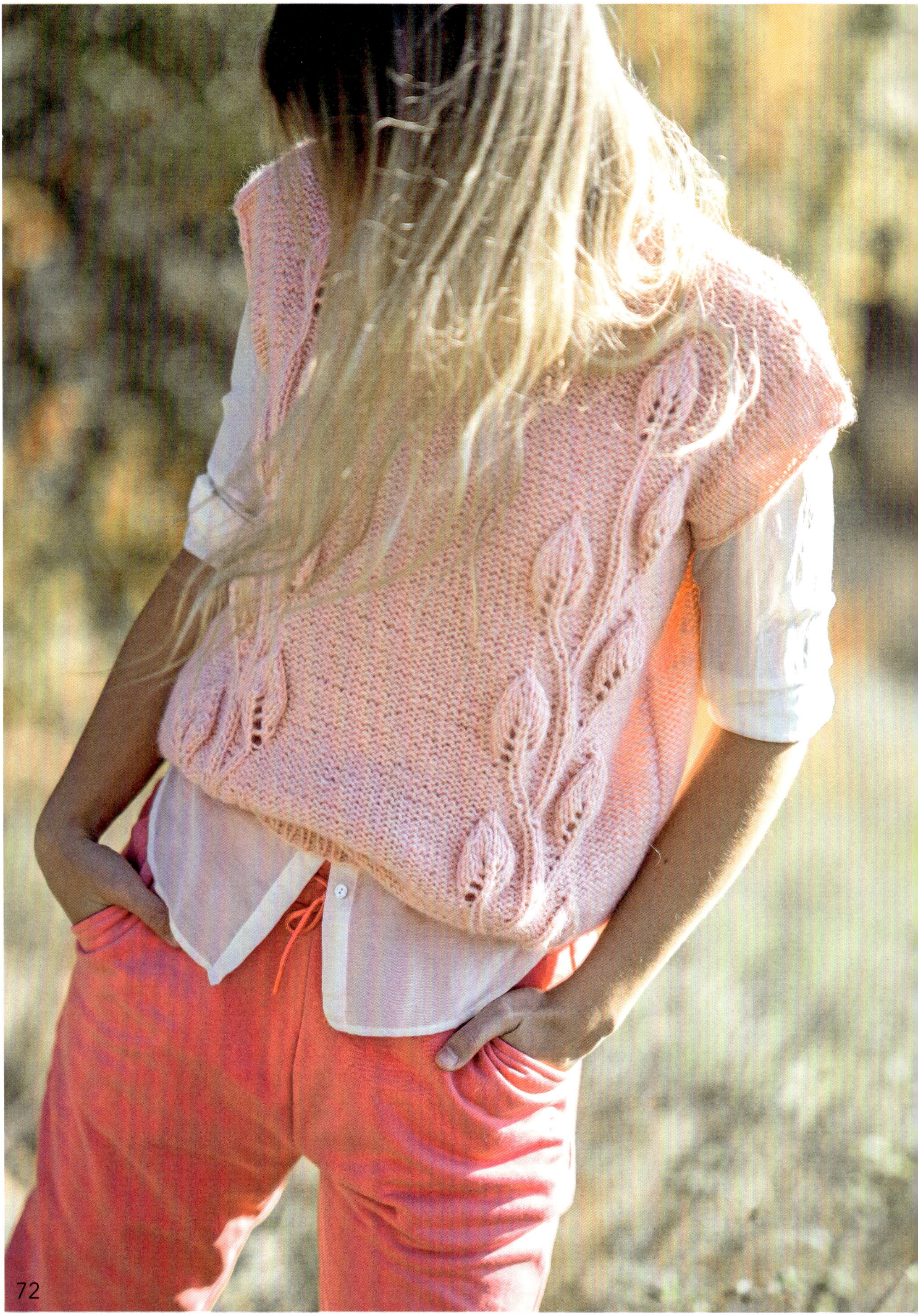

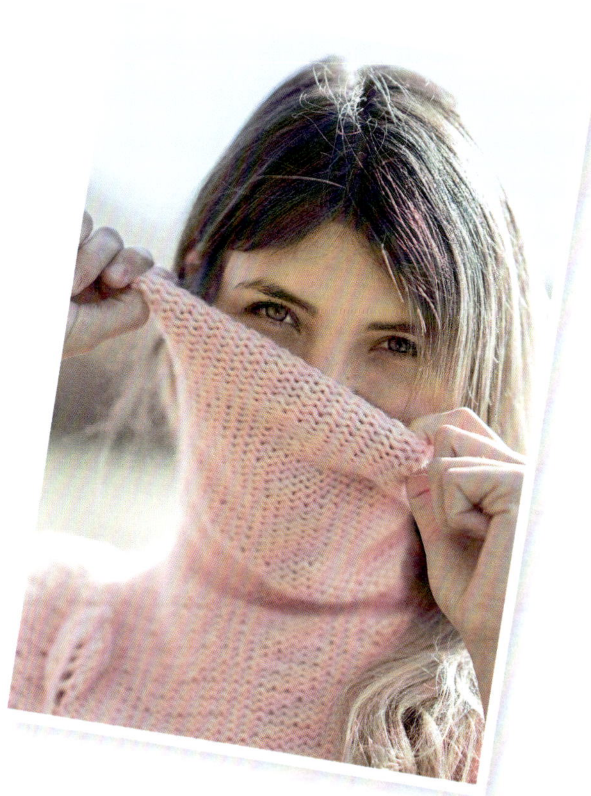

Pullunder

Schwierigkeitsgrad: mittel

Den schmuseweichen Alpaka-Pullunder zieren 2 Stränge des Blätterranken-Musters von Seite 26.

Größe:

36/38, 40/42 und 44/46
Die Angaben für die größeren Größen stehen hintereinander in Klammern. Steht nur eine Angabe, so gilt diese für alle Größen.

Material:

Schulana Lanalpaco (55 % Alpaka, 35 % Baumwolle, 10 % Schurwolle, LL = 110 m/50 g): 300 (350/350) g Rosa (Fb 23); Stricknadeln in 5 und 6 mm; Rundstricknadel in 5 mm.

Muster: :

Rippenmuster:
1 M rechts, 1 M links im Wechsel stricken.

Glatt links:
In Hinreihen linke M und in Rückreihen rechte M stricken; in Runden stets linke M stricken.

Blattmuster:
Maschenzahl teilbar durch 14 Maschen in der 1. Reihe bzw. 13 Maschen in der letzten Reihe. Nach Strickschrift arbeiten. Es sind nur die Hinreihen gezeichnet.
In den Hinreihen 1x die notierten M der R arbeiten, die Strickschrift dazu von rechts nach links lesen.
In den Rückreihen alle M stricken, wie sie erscheinen, und Umschläge links stricken.

1x die 1. – 48. Reihe arbeiten, dann die 25. – 48. Reihe noch 1x wiederholen und anschließend 1x die 49. – 88. Reihe arbeiten = 112 Reihen.

Maschenprobe:

Glatt links: 15 Maschen und 21 Reihen = 10 cm x 10 cm; **Blattmuster:** 14 Maschen und 21 Reihen = 11 cm x 10 cm; beides mit Nadelstärke 6 mm.

So wird's gemacht:

Für das **Rückenteil** 76 (82/88) M mit Nadeln in 5 mm anschlagen und für den Bund 13 R = 5 cm im Rippenmuster stricken, dabei mit 1 RückR beginnen und enden. Dann mit Nadeln in 6 mm glatt links weiterarbeiten.
In 39,5 (37,5/35,5) cm Gesamthöhe für die Armausschnitte beidseitig 1x 3 M, dann in jeder 2. R 1x 2 M, 2x je 1 M und in jeder 4. R 2x je 1 M abketten = 58 (64/70) Maschen. In 58,5 cm Gesamthöhe für die Schulterschrägen beidseitig 1x 5 (6/7) M und in jeder 2. R 2x je 6 (7/8) M abketten. Gleichzeitig mit Beginn der Schulterschrägung für den Halsausschnitt die mittleren 18 M abketten und beide Seiten getrennt beenden. Für die Ausschnittrundung am inneren Rand in jeder 2. R 1x 2 M und 1x 1 M abketten. Die andere Seite gegengleich beenden.

Für das **Vorderteil** 76 (82/88) M mit Nadeln in 5 mm anschlagen und für den Bund 13 R = 5 cm im Rippenmuster stricken, dabei mit 1 Rückreihe beginnen. Dann mit Nadeln in 6 mm weiterarbeiten und die M wie folgt einteilen:
1 RandM, 11 (13/15) M glatt links, 14 M Blätter, 24 (26/28) M glatt links, 14 M Blätter, 11 (13/15) M glatt links, 1 RandM. Nach den 112 R des Blattmusters über alle M glatt links weiterarbeiten, dabei in der 1. Reihe gleichmäßig verteilt 2 M zunehmen = 76 (82/88) Maschen. In 39,5 (37,5/35,5) cm Gesamthöhe für die Armausschnitte beidseitig 1x 3 M, dann in jeder 2. R 1x 2 M, 2x je 1 M und in der folgenden 4. R 1x 1 M abketten. In 55,5 cm Gesamthöhe für den Halsausschnitt die mittleren 12 M abketten und beide Seiten getrennt beenden. Für die Ausschnittrundung am inneren Rand in jeder 2. R 1x 3 M, 1x 2 M und 1x 1 M abketten. In 56 (58/60) cm Gesamthöhe für die Schulterschrägen beidseitig 1x 5 (6/7) M und in jeder 2. R 2x je 6 (7/8) M abketten. Die andere Seite gegengleich beenden.

Fertigstellung:
Die Schulternähte schließen. Aus dem Halsausschnitt 62 M mit der Rundstricknadel in 5 mm auffassen und 20 cm glatt links in Rd stricken. Dann alle M abketten. Die Seitennähte schließen. Aus den Armausschnitten je 68 (74/80) M mit der Rundstricknadel in 5 mm auffassen und 9 Rd = 4 cm rechte M stricken. Dann alle M abketten.

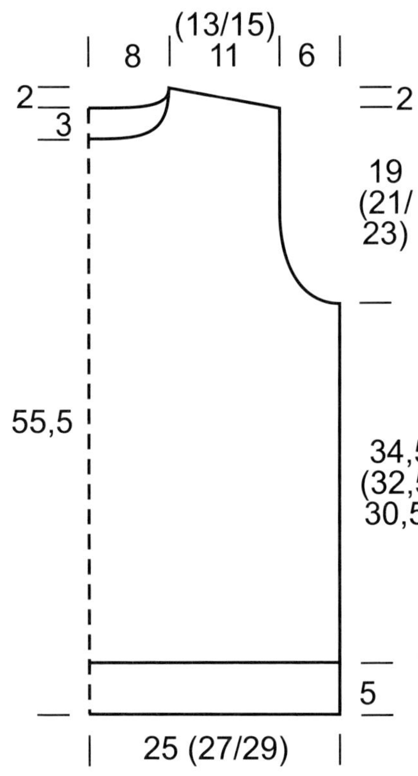

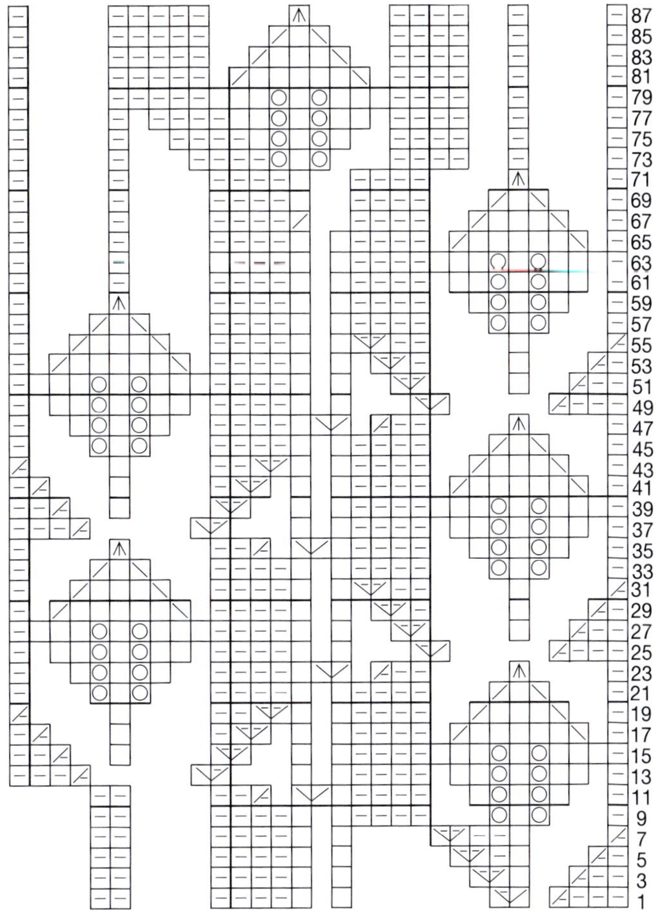

Zeichenerklärung:

- ☐ = 1 Masche rechts
- ⊟ = 1 Masche links
- ◯ = 1 Umschlag
- ⧄ = 2 Maschen rechts zusammenstricken
- ⧅ = 2 Maschen rechts überzogen zusammenstricken (= 1 Masche wie zum Rechtsstricken abheben, 1 Masche rechts stricken, dann die abgehobene Masche überziehen)
- = 2 Maschen links zusammenstricken
- = 3 Maschen mit oben aufliegender Mittelmasche rechts zusammenstricken (= 2 Maschen gemeinsam wie zum Rechtsstricken abheben, 1 Masche rechts stricken, dann beide abgehobene Maschen zusammen überziehen)
- = 2 rechte Maschen aus 1 Masche herausstricken (= 1 Masche rechts, 1 Masche rechts verschränkt)
- = 2 linke Maschen aus 1 Masche herausstricken (= 1 Masche links, 1 Masche links verschränkt)
- = 2 Maschen aus 1 Masche herausstricken (= 1 Masche links, 1 Masche rechts verschränkt)
- = 2 Maschen aus 1 Masche herausstricken (= 1 Masche rechts, 1 Masche links verschränkt)

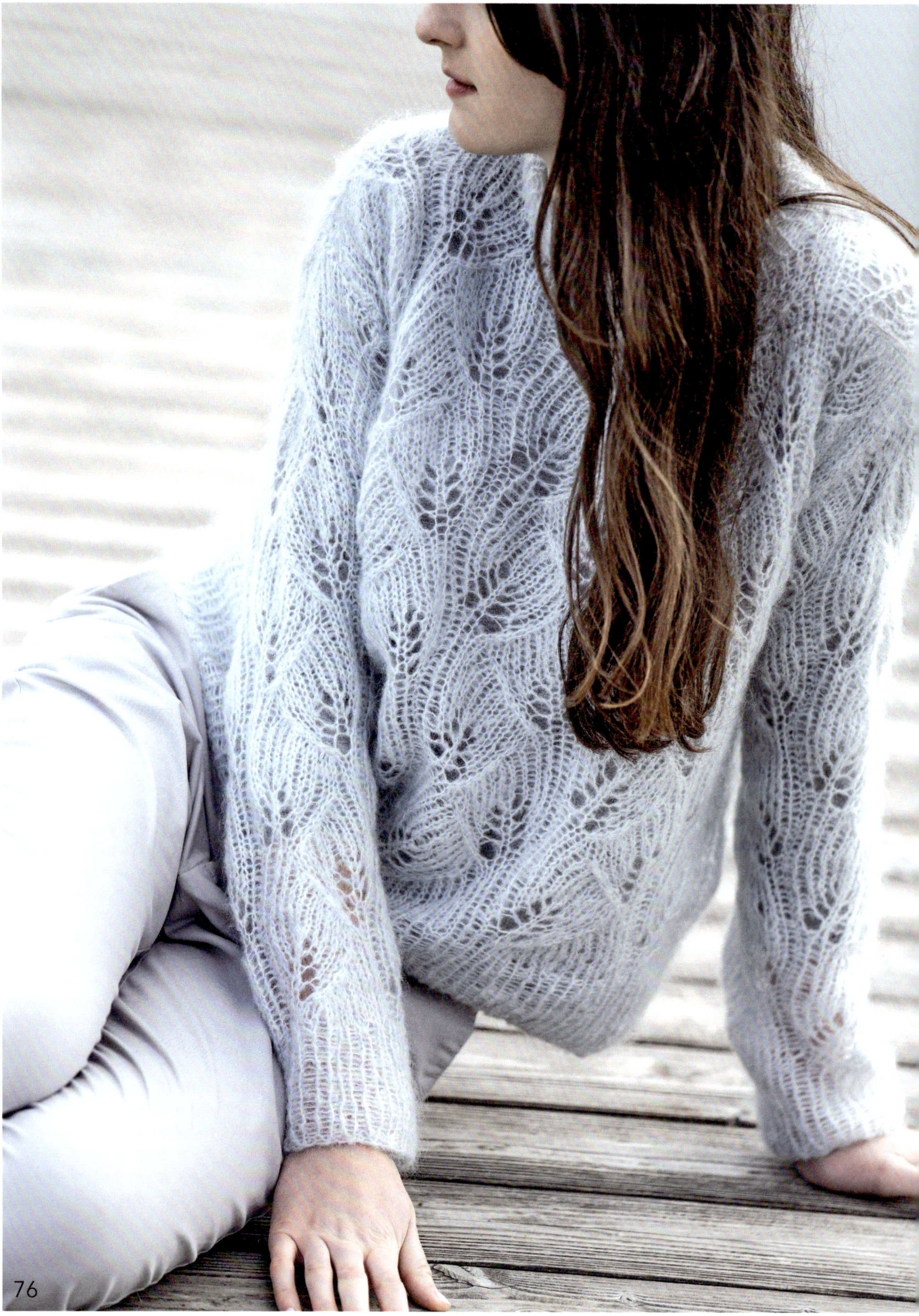

Pulli

Schwierigkeitsgrad: mittel

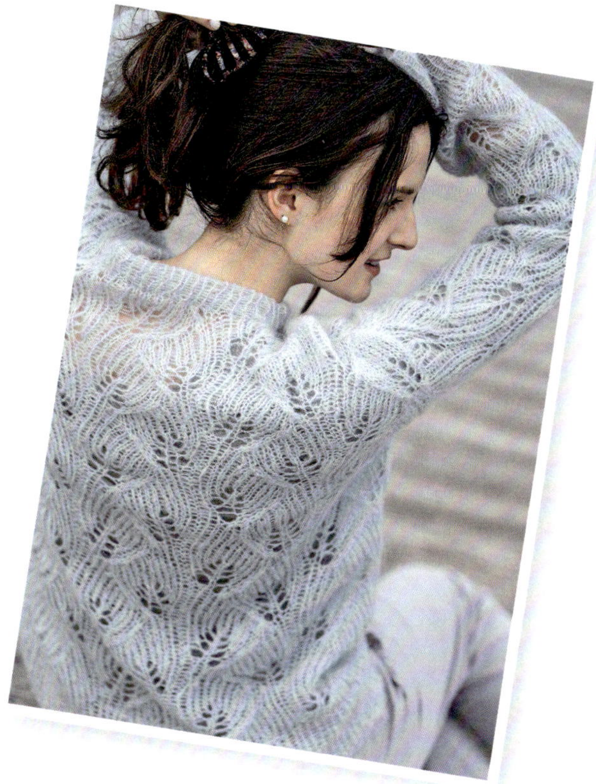

Über und über mit Blättern im Wind von Seite 32 geschmückt kommt der leichte Mohairpulli daher.

Größe:

36, 38/40 und 42/44

Die Angaben für die größeren Größen stehen hintereinander in Klammern. Steht nur eine Angabe, so gilt diese für alle Größen.

Material:

Lana Grossa Brigitte No. 3 (40 % Mohair, 37 % Schurwolle, 23 % Polyamid, LL = 100 m/25 g): 150 (175/200) g Silbergrau (Fb 9); Stricknadeln in 5 und 6 mm; Rundstricknadel in 5 mm.

Muster:

Rippenmuster:

1 M rechts, 1 M links im Wechsel stricken.

Blattmuster:

Maschenzahl teilbar durch 15 + 2 Randmaschen. Nach Strickschrift arbeiten. Es sind Hin- und Rückreihen gezeichnet. Die Zeichen sind so beschrieben, wie sie gestrickt werden.

In den Hinreihen mit der RandM vor dem rechten Pfeil beginnen, den Rapport von 15 M zwischen den Pfeilen stets wiederholen und mit der RandM nach dem linken Pfeil enden.
In den Rückreihen die M entsprechend von links nach rechts lesen.

Die 1. – 20. Reihe stets wiederholen.

Maschenprobe:

Blattmuster: 14,5 Maschen und 21 Reihen = 10 cm x 10 cm; Nadelstärke 6 mm.

So wird's gemacht:

Für das **Rückenteil** 66 (82/96) M mit Nadeln in 5 mm anschlagen und für den Bund 21 R = 6,5 cm im Rippenmuster stricken, dabei mit 1 RückR beginnen und enden und in der letzten R gleichmäßig verteilt 11 (10/11) M zunehmen = 77 (92/107) Maschen. Dann mit Nadeln in 6 mm im Blattmuster weiterarbeiten. In 56 (58/60) cm Gesamthöhe für die Schulterschrägen beidseitig 1x 8 (11/13) M und in jeder 2. R 2x je 9 (11/14) M locker abketten. Gleichzeitig in 57 (59/61) cm Gesamthöhe für den Halsausschnitt die mittleren 21 (22/21) M locker abketten und beide Seiten getrennt beenden. Für die Ausschnittrundung am inneren Rand in der folgenden 2. R 1x 2 M locker abketten. Die andere Seite gegengleich beenden.

Das **Vorderteil** wie das Rückenteil arbeiten, jedoch für den tieferen Halsausschnitt schon in 54 (56/58) cm Gesamthöhe die mittleren 13 (14/13) M locker abketten und beide Seiten getrennt beenden.

Für die Ausschnittrundung am inneren Rand in jeder 2. R 1x 3 M, 1x 2 M und 1x 1 M locker abketten. Die andere Seite gegengleich beenden.

Für die **Ärmel** 36 (52/66) M mit Nadeln in 5 mm anschlagen und für den Bund 21 R = 8 cm im Rippenmuster stricken, dabei mit 1 RückR beginnen und enden und in der letzten R gleichmäßig verteilt 11 (10/11) M zunehmen = 47 (62/77) Maschen. Dann mit Nadeln in 6 mm im Blattmuster weiterarbeiten. In 46,5 (48,5/50,5) cm Gesamthöhe alle M locker abketten.

Fertigstellen:
Die Schulternähte schließen. Aus dem Halsausschnitt 56 M mit der Rundstricknadel auffassen und 8 cm im Rippenmuster stricken. Dann die M zweifädig abketten. Die Blende zur Hälfte nach innen umschlagen und annähen. Die Ärmel einsetzen und die Ärmel- und Seitennähte schließen.

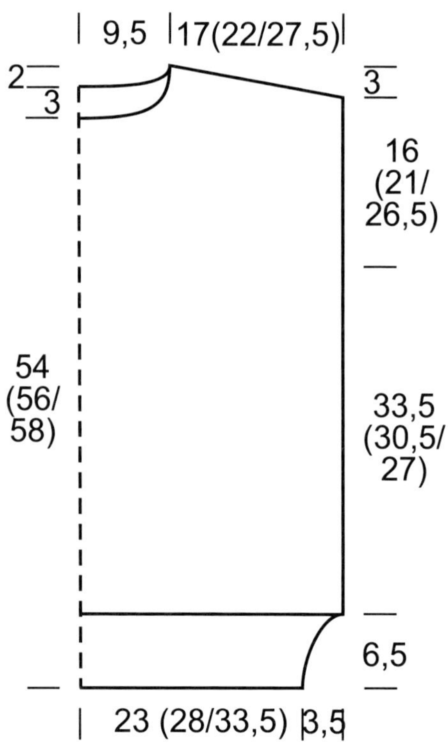

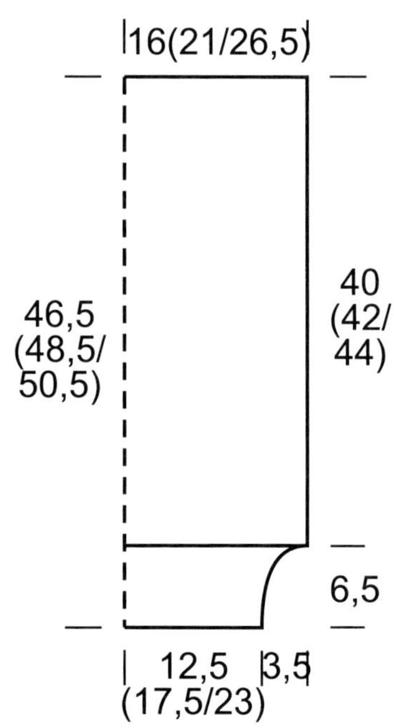

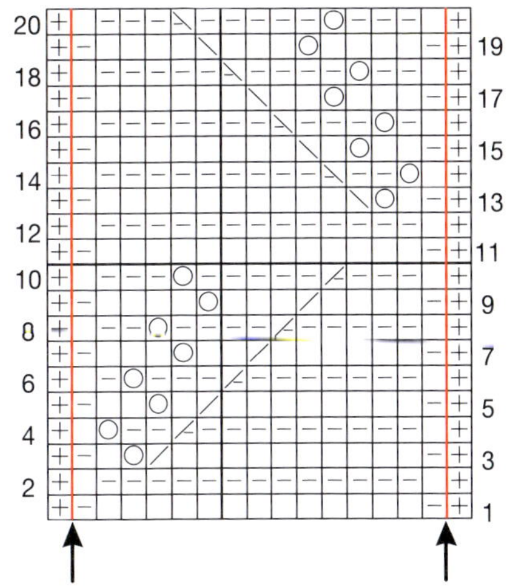

Zeichenerklärung:

- ⊞ = Randmasche
- □ = 1 Masche rechts
- ⊟ = 1 Masche links
- ◯ = 1 Umschlag
- / = 2 Maschen rechts zusammenstricken
- \ = 2 Maschen rechts überzogen zusammenstricken (= 1 Masche wie zum Rechtsstricken abheben, 1 Masche rechts stricken, dann die abgehobene Masche überziehen)
- ⁄– = 2 Maschen links zusammenstricken
- \– = 2 Maschen links verschränkt zusammenstricken

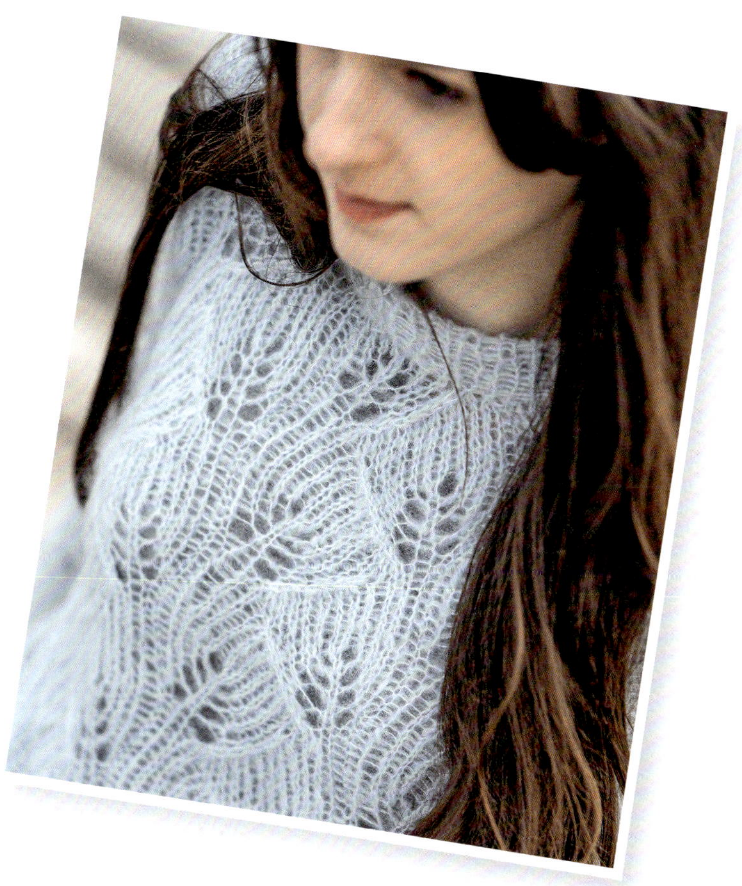

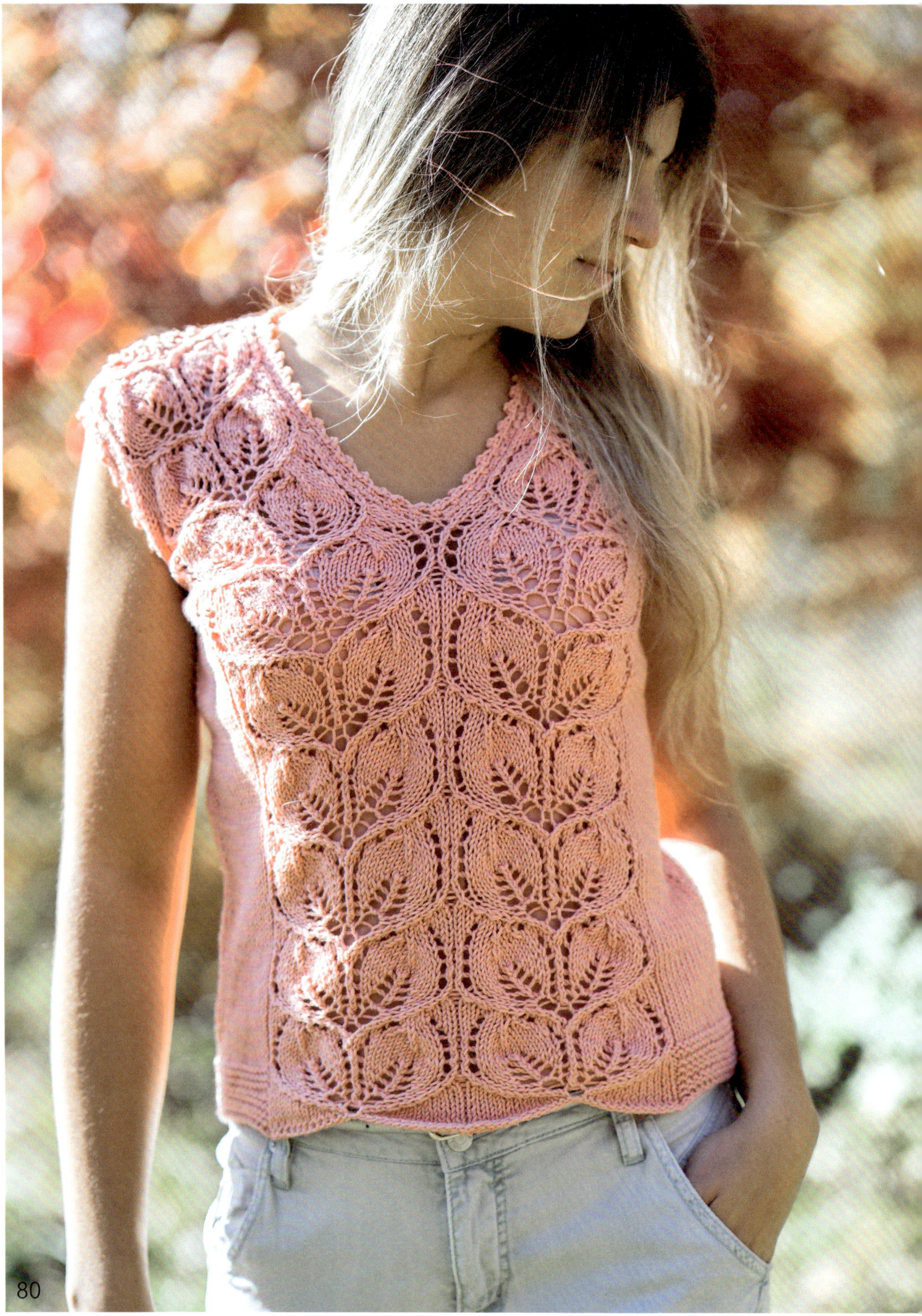

Top

Schwierigkeitsgrad: mittel

Blattmuster at its best: Das romantisch-verspielte Herzblatt-Muster von Seite 32 ziert dieses sommerliche Top.

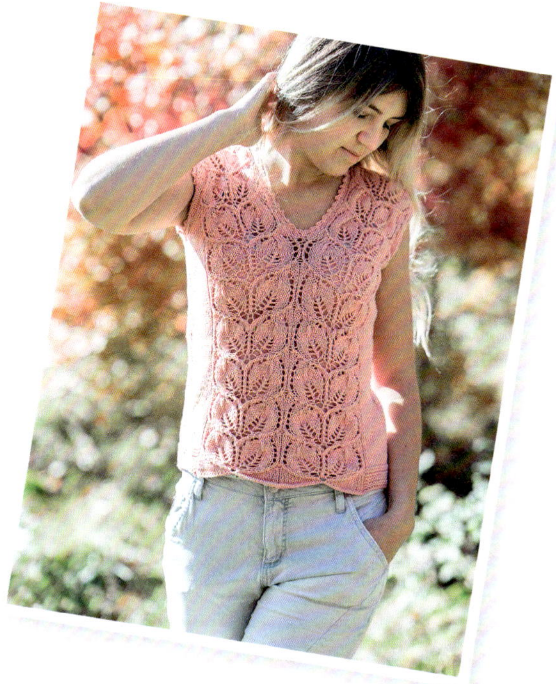

Größe:
36/38, 40/42 und 44/46
Die Angaben für die größeren Größen stehen hintereinander in Klammern. Steht nur eine Angabe, so gilt diese für alle Größen.

Material:
Junghans Wolle Merino Cotton (52 % Schurwolle, 48 % Baumwolle, LL = 120 m/50 g): 250 (300/300) g Pastellpink (Fb 113-916); Stricknadeln in 4,5 mm; Häkelnadel in 4 mm.

Muster:
Glatt rechts:
In Hinreihen rechte M, in Rückreihen linke M stricken.

Kraus rechts:
In Hin- und Rückreihen rechte M stricken.

Blattmuster:
Maschenzahl in der 1. Reihe teilbar durch 25 + 1. Durch die Zu- und Abnahmen in der Strickschrift ändert sich die Maschenzahl häufig. Nach Strickschrift arbeiten. Es sind nur die Hinreihen dargestellt.
In den Hinreihen den Rapport zwischen den Pfeilen 2x arbeiten und mit der M nach dem linken Pfeil enden. Die Anleitung beschreibt die Ränder gesondert.
In den Rückreihen die M stricken, wie sie erscheinen, und Umschläge links stricken.
1x die 1. – 30. Reihe arbeiten, dann die 15. – 30. Reihe stets wiederholen.

Betonte Abnahmen (Armausschnitt):
Am rechten Rand: 1 RandM, 1 M glatt rechts, 2 M rechts überzogen zusammen (= 1 M wie zum Rechtsstricken abheben, 2 M rechts stricken, dann die abgehobene M überziehen), die restliche M mustergemäß stricken.
Am linken Rand: Bis zu den letzten 4 M mustergemäß stricken, dann 2 M rechts zusammen, 1M glatt rechts, 1RandM.

Betonte Abnahmen (V-Ausschnitt):
Am rechten Rand: 1 RandM, das Blattmuster fortsetzen, jedoch die letzte linke M mit der folgenden M links zusammen, die restlichen M mustergemäß stricken. Am linken Rand: Bis 1 M vor dem Blattmuster mustergemäß stricken, dann diese M mit der ersten = linken M des Blattmusters links zusammen, das Blattmuster fortsetzen, 1 RandM.

Maschenprobe:
Glatt rechts: 19,5 Maschen und 26 Reihen = 10 cm x 10 cm; **Blattmuster:** 51 Maschen und 26 Reihen = 27,5 cm x 10 cm.

So wird's gemacht:

Für das **Rückenteil** 89 (97/105) M anschlagen und 15 R = 4 cm kraus rechts stricken, dabei mit 1 RückR beginnen und enden. Dann glatt rechts weiterarbeiten. In 40 cm Gesamthöhe für die Armausschnitte beidseitig 1x 1 M, dann in jeder 2. R 2x (3x/4x) je 1 M und in jeder 4. R 1x (2x/3x) je 1 M betont abnehmen = 81 (85/89) Maschen. In 57,5 (59,5/61,5) cm Gesamthöhe für den Halsausschnitt die mittleren 17 (21/25) M abketten und beide Seiten getrennt beenden. Für die Ausschnittrundung am inneren Rand in jeder 2. R 1x 2 M und 1x 1 M abketten. In 59,5 (61,5/63,5) cm Gesamthöhe die restlichen 29 M abketten. Die andere Seite gegengleich beenden.

Für das **Vorderteil** 87 (95/103) M anschlagen und 1 Rückreihe rechts stricken. Diese R ist in den folgenden Berechnungen nicht berücksichtigt. Dann die M wie folgt einteilen: 1 RandM, 17 (21/25) M kraus rechts, 51 M Blattmuster, 17 (21/25) M kraus rechts, 1 Randm. Durch die Zunahmen in der 1. R des Blattmusters sind nun 89 (97/105) M auf der Nadel. Nach 14 Reihen ab Anschlag im Blattmuster über die kraus-rechten M nun glatt rechts weiterarbeiten. In 40 cm Gesamthöhe für die Armausschnitte beidseitig 1x 1 M, dann in jeder 2. R 2x (3x/4x) je 1 M und in jeder 4. R 1x (2x/3x) je 1 M betont abnehmen. In 41,5 (43,5/45,5) cm Gesamthöhe für den V-Ausschnitt die Arbeit nach der mittleren M teilen, aus dieser M 2 M herausstricken (= 1 M links, 1 M rechts) und beide Seiten getrennt beenden. Für die Ausschnittschräge am inneren Rand in jeder 2. R 13x (15x/17x) 1 M betont abnehmen. In 59,5 (61,5/63,5) cm Gesamthöhe die restlichen 29 M abketten. Die andere Seite gegengleich beenden, jedoch am inneren Rand 2 M zunehmen.

Fertigstellen:
Die Schulternähte schließen. Den Halsausschnitt mit 1 Rd feste M (Maschenzahl teilbar durch 2) und 1 Rd wie folgt umhäkeln: * 1 feste M, mit 1 Pikot (= 3 Luftm, 1 feste M in die 1. Luftm) 1 Luftm überspringen; ab * stets wiederholen. Dann die Seitennähte schließen und die Armausschnitte jeweils wie den Halsausschnitt umhäkeln.

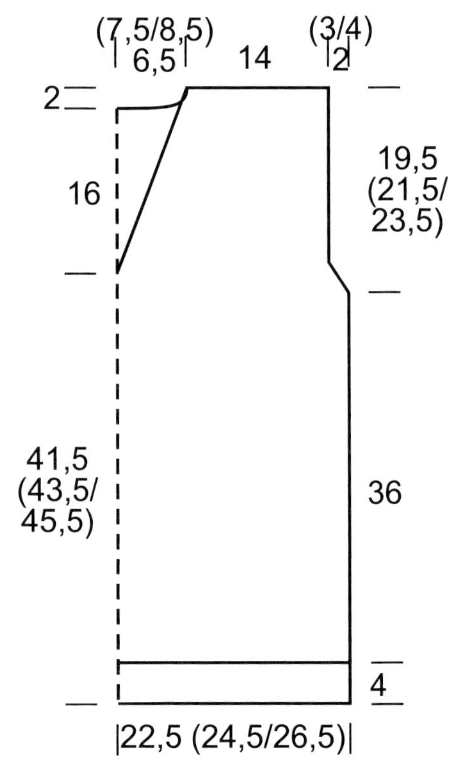

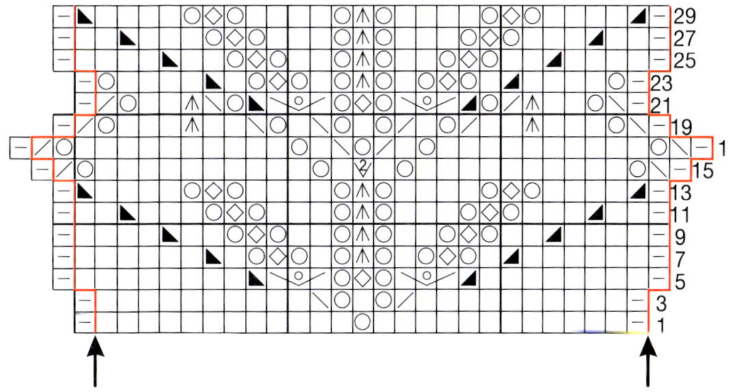

Zeichenerklärung:

= 1 Masche rechts

= 1 Masche links

= 1 Masche rechts verschränkt

= 1 Umschlag

= 2 Maschen rechts zusammenstricken

= 2 Maschen rechts überzogen zusammenstricken (= 1 Masche wie zum Rechtsstricken abheben, 1 Masche rechts stricken, dann die abgehobene Masche überziehen)

= 3 Maschen rechts zusammenstricken

= 3 Maschen rechts überzogen zusammenstricken (= 1 Masche wie zum Rechtsstricken abheben, 2 Maschen rechts zusammenstricken, dann die abgehobene Masche überziehen

= 3 Maschen mit oben aufliegender Mittelmasche rechts zusammenstricken (= 2 Maschen gemeinsam wie zum Rechtsstricken abheben, 1 Masche rechts stricken, dann beide abgehobene Maschen zusammen überziehen)

= 2 Maschen aus 1 Masche herausstricken (= 1 Masche rechts, 1 Masche links)

= 3 Maschen aus 1 Masche herausstricken (= 1 Masche rechts, 1 Umschlage, 1 Masche rechts)

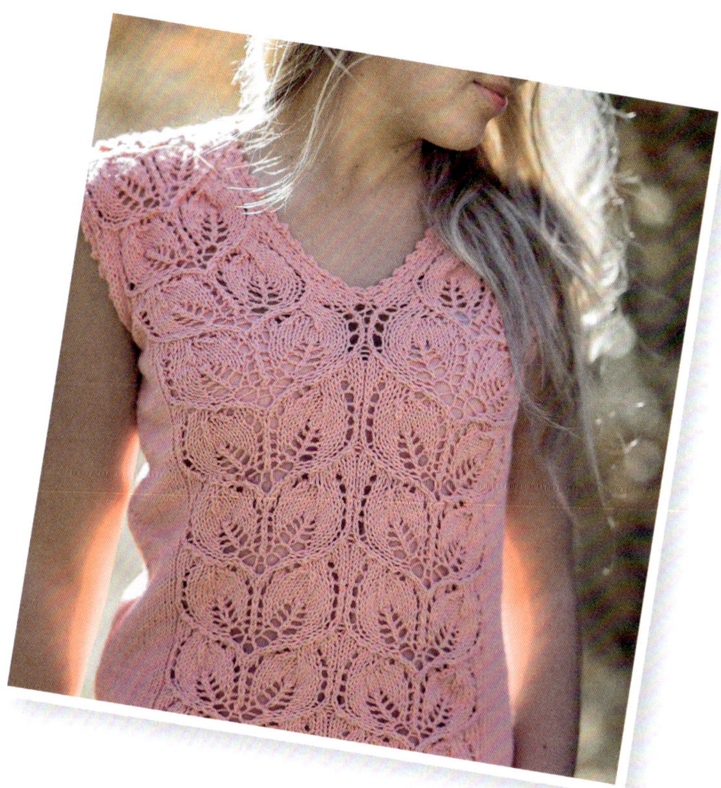

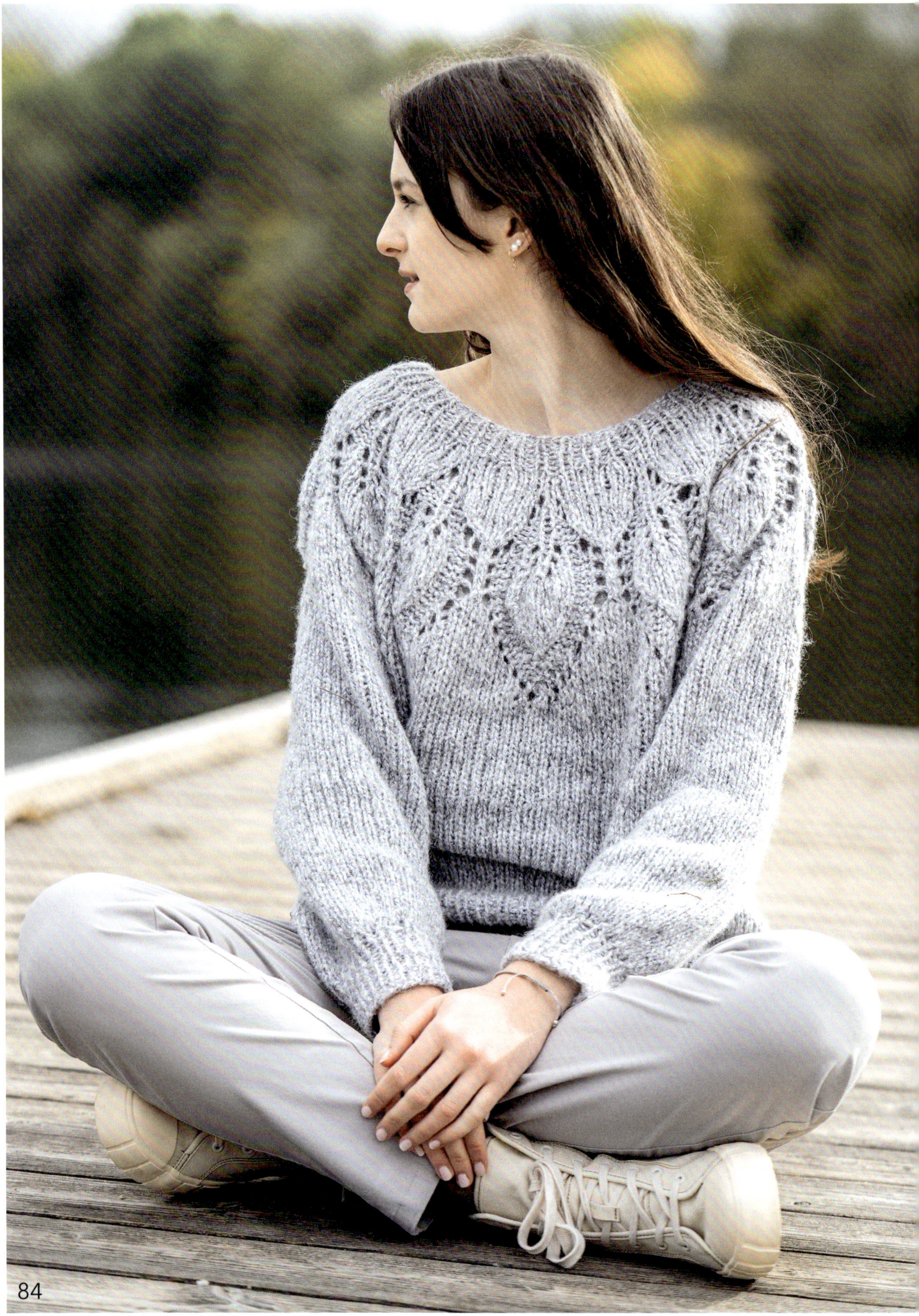

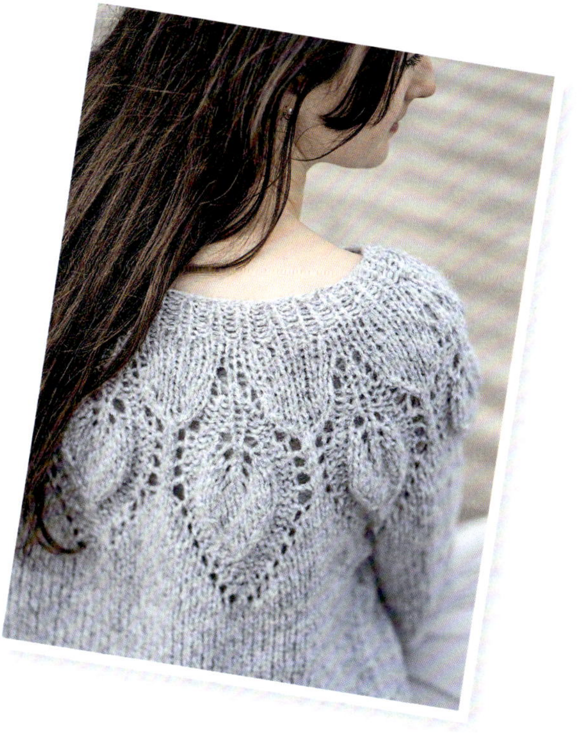

Rundpassenpulli

Schwierigkeitsgrad: mittel

Diesen ansonsten einfach glatt rechts gestrickten einfarbigen Pulli ziert eine breite Rundpasse im Blättermuster mit Zunahmen von Seite 36.

Größe:

36-40 (42-46)
Die Angaben für die größere Größe stehen hintereinander in Klammern. Steht nur eine Angabe, so gilt diese für alle Größen.

Material:

ONline Linie 465 Lavello (36 % Baumwolle, 23 % Polyamid, 18 % Polyacryl, 17 % Alpaka, 6 % Schurwolle, LL = 100 m/50 g): 400 (450) g Hellgrau (Fb 07); Rundstricknadeln in 6 und 7 mm.

Muster:

Rippenmuster:
1 M rechts, 1 M links im Wechsel stricken.

Glatt rechts in Runden:
Stets rechte M stricken.

Blattmuster:
Maschenzahl in der 1. Runde teilbar durch 8, in der 33. Runde durch 18. Durch die Zunahmen ändert sich die Maschenzahl stetig.
Nach Strickschrift arbeiten. Es sind nur die ungeraden Runden gezeichnet.
<u>In den ungeraden Runden</u> die M zwischen den Pfeilen stets wiederholen.
<u>In den geraden Runden</u> alle M stricken, wie sie erscheinen, und Umschläge rechts stricken.

1x die 1. – 34. Runde arbeiten. Dabei in der 13. – 19. Runde die ersten Abnahmen am Rd-Anfang schon mit der letzten M der vorhergehenden Rd arbeiten.

Maschenprobe:

Glatt rechts: 12 Maschen und 22 Runden = 10 cm x 10 cm; **Blattmuster:** 18 Maschen und 34 Runden = 14,5 cm x 19 cm; beide mit Nadelstärke 7 mm.

So wird's gemacht:

Den **Pullover** in einem Stück von oben nach unten in Rd stricken: 70 (84) M mit Nadeln in 6 mm anschlagen und für den Bund 3,5 cm im Rippenmuster in Rd stricken. Der Runden-Anfang liegt zwischen den späteren M des Rückenteils und des linken Ärmels.
Dann mit Nadeln in 7 mm glatt rechts weiterarbeiten und in der 1. Rd gleichmäßig verteilt 18 (12) M zunehmen = 88 (96) Maschen. Ab der 3. Rd ab Bund im Blattmuster weiterarbeiten. Nach den 34 Rd des Blattmusters sind 198 (216) M auf der Nadel. Nur für die größere Größe noch 4 cm glatt rechts weiterarbeiten, dabei in der 2. Rd gleichmäßig verteilt 2 M zunehmen = 198 (218) Maschen. In 19 (23) cm Gesamthöhe die M stilllegen.
Die M wie folgt einteilen: 39 (45) M linker Ärmel, 60 (64) M Vorderteil, 39 (45) M rechter Ärmel, 60 (64) M Rückenteil.

Nun nur über die M von **Vorder- und Rückenteil** glatt rechts in Rd weiterarbeiten, dabei in der 1. Rd zwischen Vorder- und Rückenteil jeweils 6 (10) M dazu anschlagen = 132 (148) Maschen. Nach 28 cm ab Passenende für den Bund mit Nadeln in 6 mm noch weitere 6 cm im Rippenmuster stricken. Dann alle M abketten.
Nur über die M eines **Ärmels** glatt rechts in Rd weiterarbeiten, dabei in der 1. Rd am Rd-Anfang aus den dazu angeschlagenen 6 (10) M weitere 6 (10) M auffassen = 45 (55) Maschen. Nach 35 cm ab Passenende für den Bund mit Nadeln in 6 mm noch weitere 6 cm im Rippenmuster stricken, dabei in der 1. Rd gleichmäßig verteilt 21 (27) M abnehmen = 24 (28) Maschen. Dann die M abketten und den 2. Ärmel ebenso arbeiten.

Fertigstellen:
Die Unterarmnähte schließen.

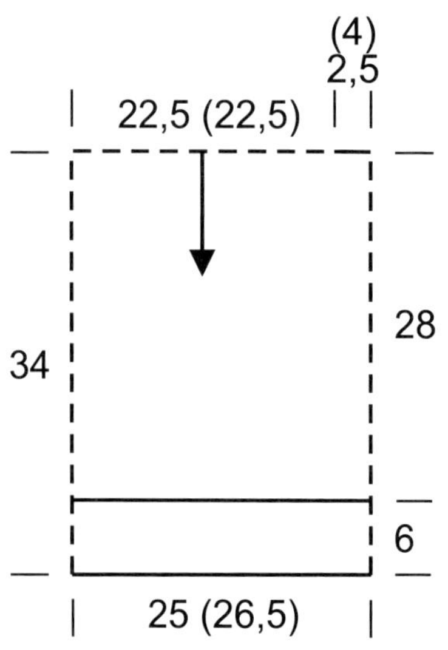

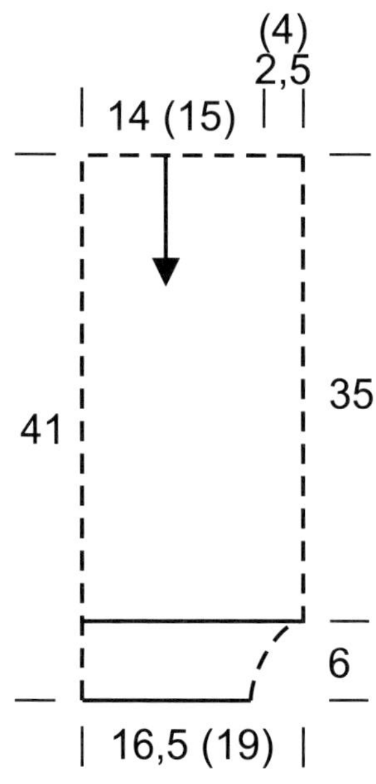

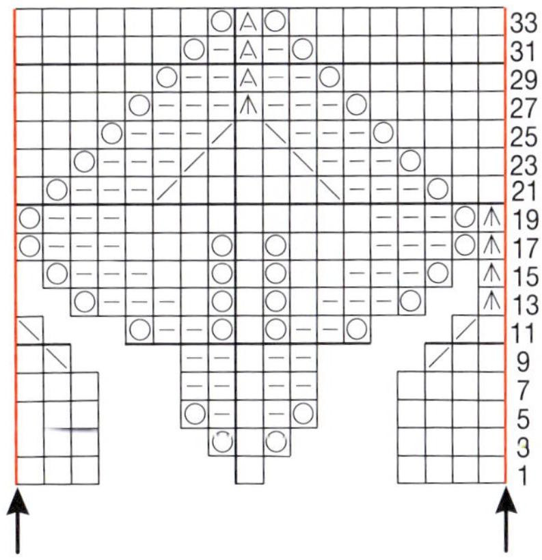

Zeichenerklärung:

- □ = 1 Masche rechts
- ⊟ = 1 Masche links
- ○ = 1 Umschlag
- / = 2 Maschen rechts zusammenstricken
- \ = 2 Maschen rechts überzogen zusammenstricken (= 1 Masche wie zum Rechtsstricken abheben, 1 Masche rechts stricken, dann die abgehobene Masche überziehen)
- A = 3 Maschen links zusammenstricken
- ⋀ = 3 Maschen mit oben aufliegender Mittelmasche rechts zusammenstricken (= 2 Maschen gemeinsam wie zum Rechtsstricken abheben, 1 Masche rechts stricken, dann beide abgehobene Maschen zusammen überziehen)

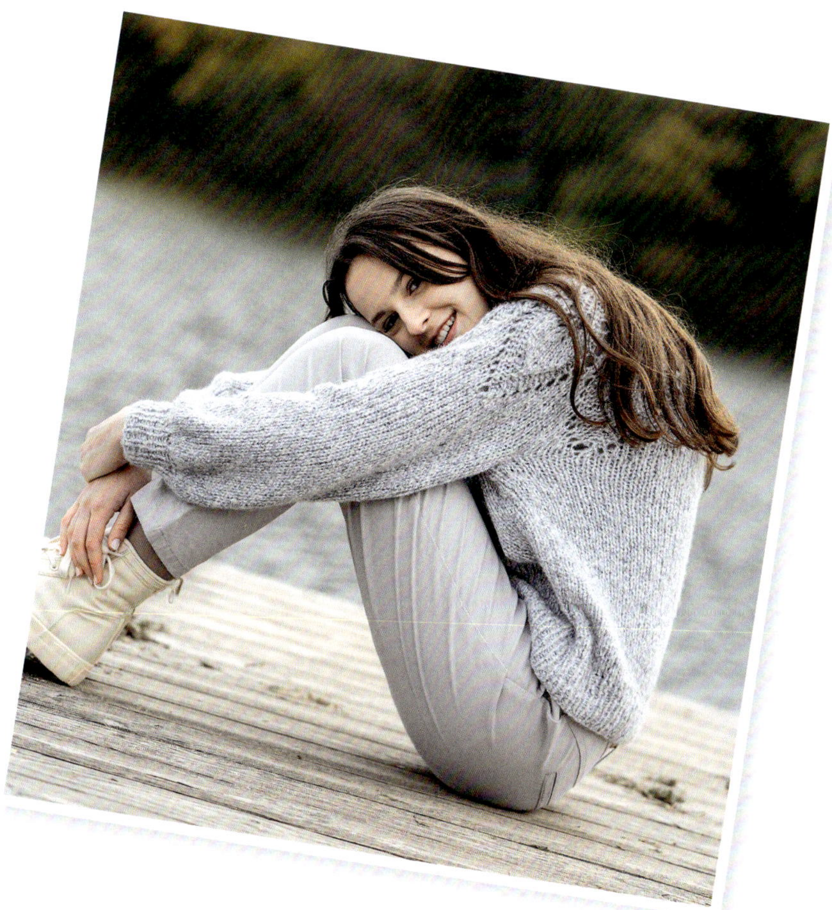

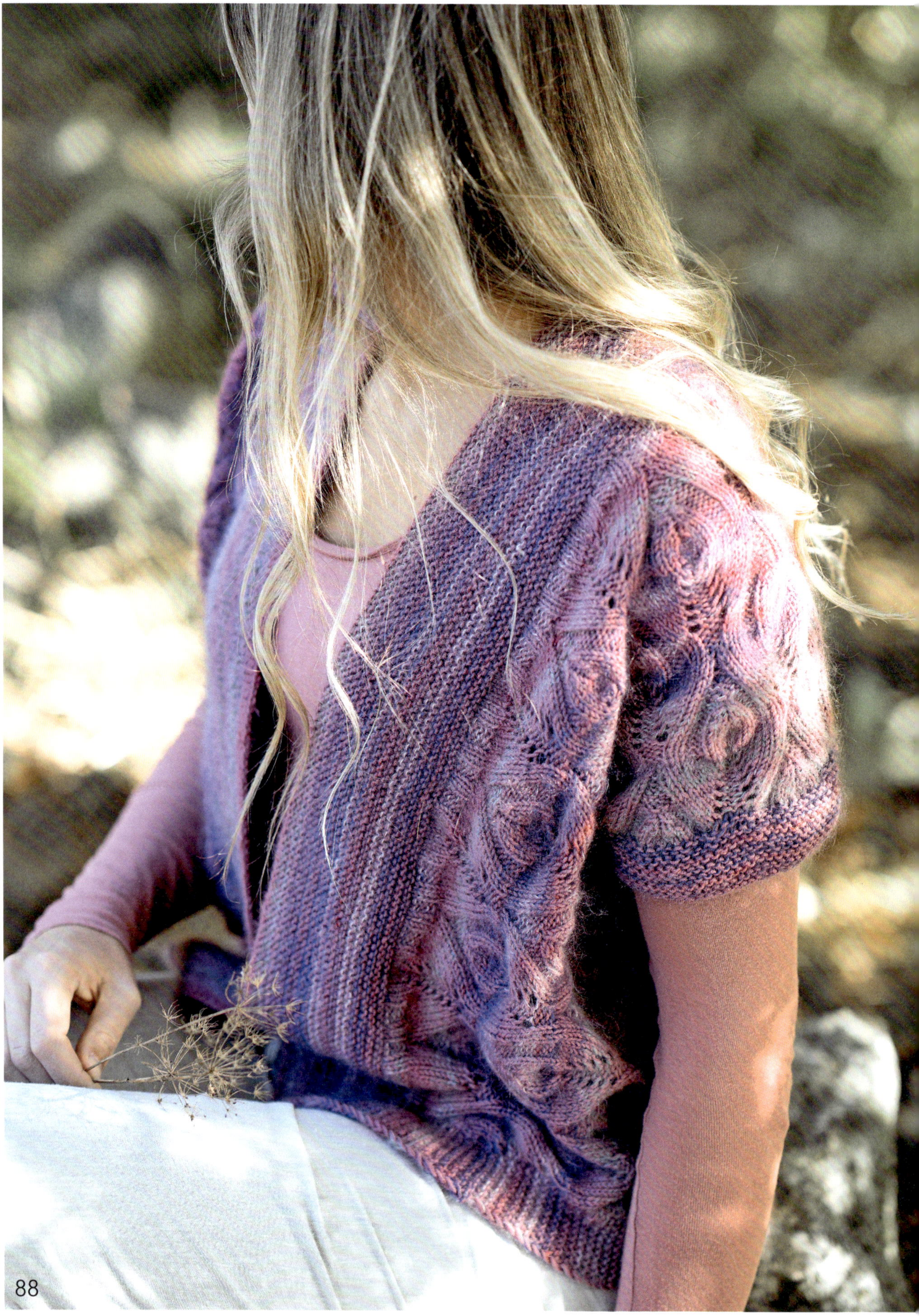

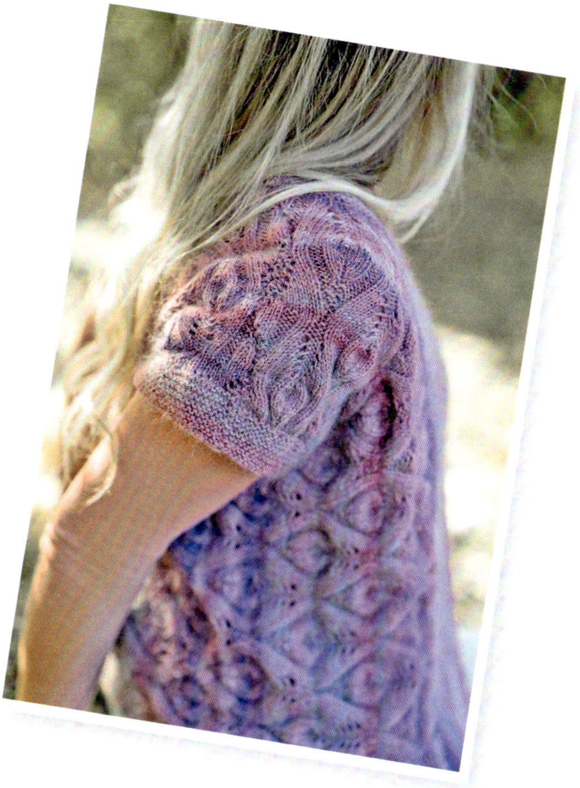

Seelenwärmer

Schwierigkeitsgrad: mittel

Auch quergestrickt macht das Blattmuster von Seite 38 im leichten Seelenwärmer enorm was her!

Größe:

36/38, 40/42 und 44/46
Die Angaben für die größeren Größen stehen hintereinander in Klammern. Steht nur eine Angabe, so gilt diese für alle Größen.

Material:

Schulana Sensitiva (100 % Schurwolle, LL = 185 m/50 g): 300 (350/400) g Orchidee (Fb 28) und Kid-Seta Jubile (70 % Mohair, 30 % Seide, LL = 210 m/ 25 g): 125 (150/150) g Lila/Flieder/ Bordeaux/Mint (Fb 610); Stricknadeln in 5 mm; Rundstricknadel in 5 mm.

Muster:

Kraus rechts: In Hin- und Rückreihen rechte M stricken; in Runden 1 Rd rechte M und 1 Rd linke M im Wechsel stricken.

Blattmuster:
Maschenzahl teilbar durch 20.
Nach Strickschrift arbeiten. Es sind nur Hinreihen gezeichnet.
In den Hinreihen den Rapport von 20 M zwischen den Pfeilen stets wiederholen.
In den Rückreihen die M stricken, wie sie erscheinen, und Umschläge links stricken.

Die 1. – 36. Reihe stets wiederholen.

Maschenprobe:

Blattmuster: 22,5 Maschen und 30,5 Reihen = 10 cm x 10 cm.

So wird's gemacht:

Den Seelenwärmer in einem Stück querstricken. Dazu am Verschlussrand des **rechten Vorderteils** beginnen: 131 (151/151) M mit Nadeln in 5 mm zweifädig (= je 1 Faden pro Garn) anschlagen und für die Blende 10 cm kraus rechts stricken, dabei mit 1 RückR beginnen und enden.
Dann die M wie folgt einteilen: 1 RandM, 120 (140/140) M Blattmuster, 10 M kraus rechts (inklusive Randmasche). In 27,5 (31/35) cm Gesamthöhe für den rechten Armausschnitt die ersten 44 (48/53) M abketten und in der folgenden RückR wieder dazu anschlagen.
In 82,5 (93/105) cm Gesamthöhe für den linken Armausschnitt die ersten 44 (48/53) M abketten und in der folgenden RückR wieder dazu anschlagen. In 100 (114/130) cm Gesamthöhe über alle M noch 10 cm kraus rechts stricken. Dann alle M abketten.

Fertigstellung:
Die Schulternähte schließen. Aus den Armausschnitten mit der Rundstricknadel zweifädig (= je 1 Faden pro Garn) jeweils 74 (82/90) M auffassen und 4 cm kraus rechts stricken. Dann alle M abketten.

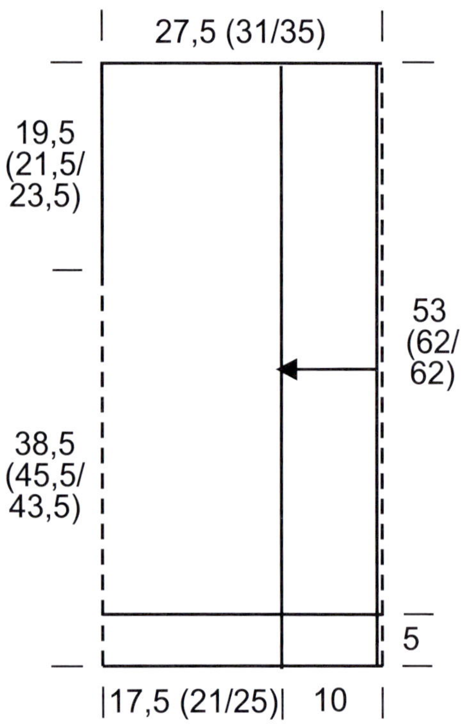

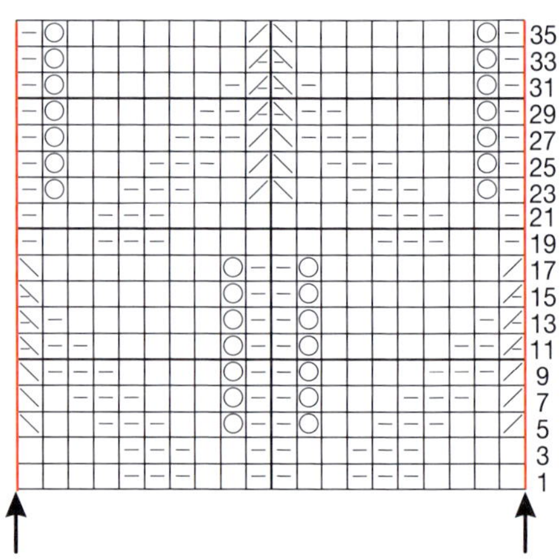

Zeichenerklärung:

- ☐ = 1 Masche rechts
- – = 1 Masche links
- ○ = 1 Umschlag
- / = 2 Maschen rechts zusammenstricken
- \ = 2 Maschen rechts überzogen zusammenstricken (= 1 Masche wie zum Rechtsstricken abheben, 1 Masche rechts stricken, dann die abgehobene Masche überziehen)
- ∠ = 2 Maschen links zusammenstricken
- ⦣ = 2 Maschen links verschränkt zusammenstricken

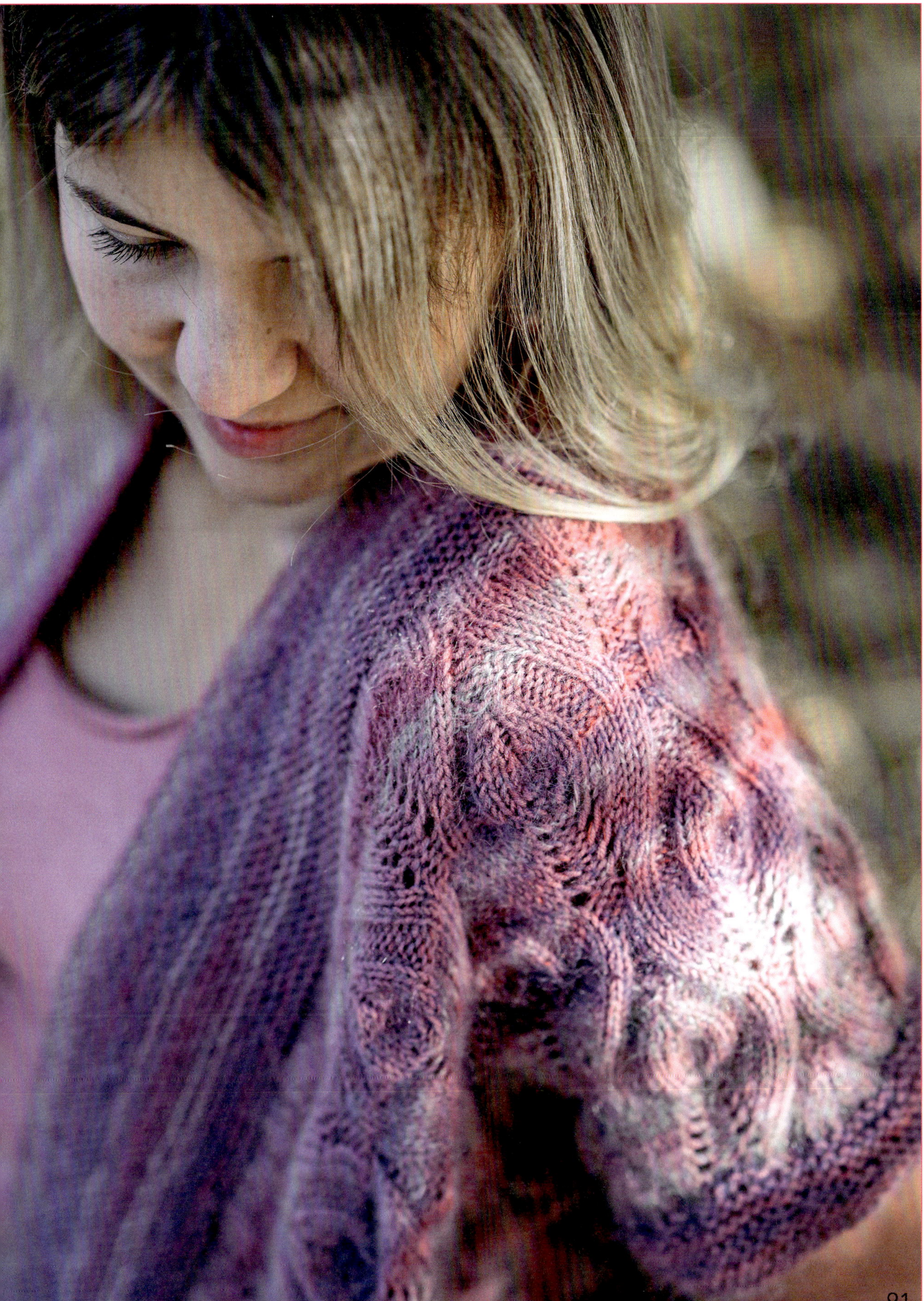

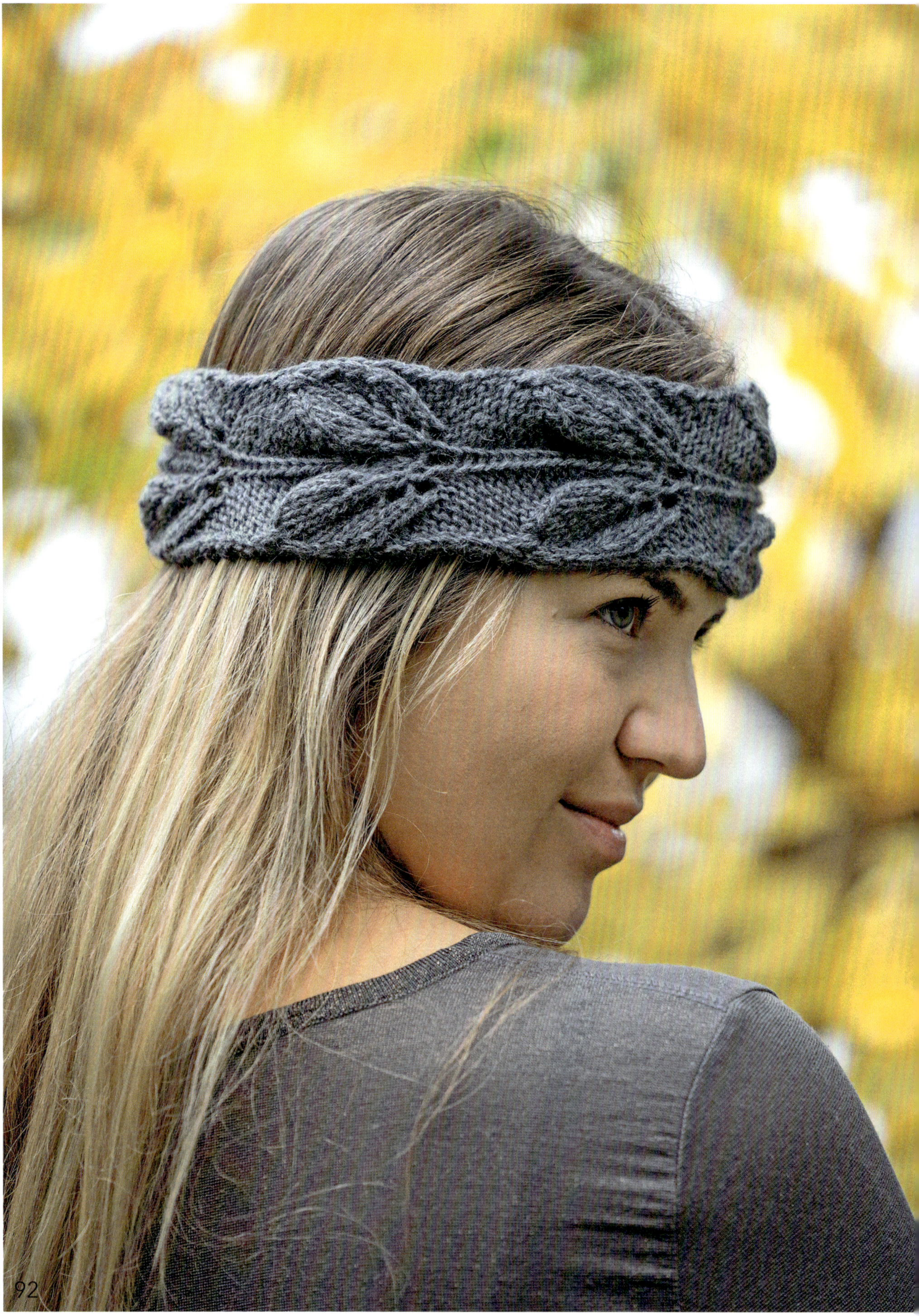

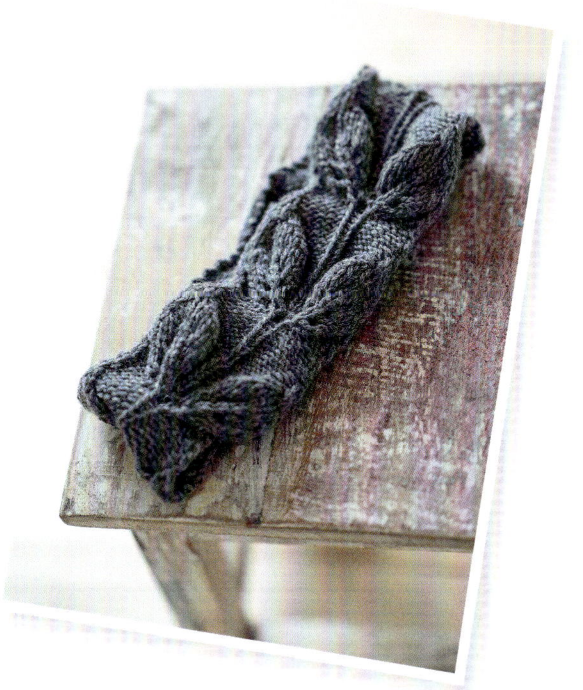

Stirnband

Schwierigkeitsgrad: mittel

Schnell gestrickt ist dieses Stirnband, das sich ganz leicht auf unterschiedliche Größen anpassen lässt. Und dank des hübschen Efeublattmusters von Seite 10 ist es sogar ein echter Hingucker!

Größe:

52 – 54, 55 – 57 und 58 – 60 cm Kopfumfang
Die Angaben für die größeren Größen stehen hintereinander in Klammern. Steht nur eine Angabe, so gilt diese für alle Größen.

Material:

Lana Grossa Cashmere Puro (100 % Kaschmir, LL = 80 m/25 g): 25 g Dunkelgrau (Fb 21), Stricknadeln in 4,5 mm.

Muster:

Blattmuster über 15 Maschen:
Durch die Zu- und Abnahmen ändert sich die Maschenzahl von Reihe zu Reihe.
Nach Strickschrift arbeiten. Es sind nur die Hinreihen gezeichnet.

In den Hinreihen 1x alle notierten M arbeiten, dabei die Strickschrift von rechts nach links lesen.
In den Rückreihen alle M stricken, wie sie erscheinen, und Umschläge links sticken.

1x die 1. – 20. Reihe arbeiten, dann die 3. – 20. Reihe stets wiederholen.

Maschenprobe:

Blattmuster: 15 Maschen x 27 Reihen = 10,5 cm x 10 cm.

So wird's gemacht:

15 M anschlagen und zunächst 1 RückR links stricken. Dann Blätter nach Strickschrift arbeiten, durch die Zu- und Abnahmen ändert sich die Maschenzahl dabei ständig.
Passend zum Kopfumfang die M nach einer 18. Reihe abketten.

Fertigstellung: Die Anschlag- und Abkettkante aneinanderlegen und die Naht schließen.

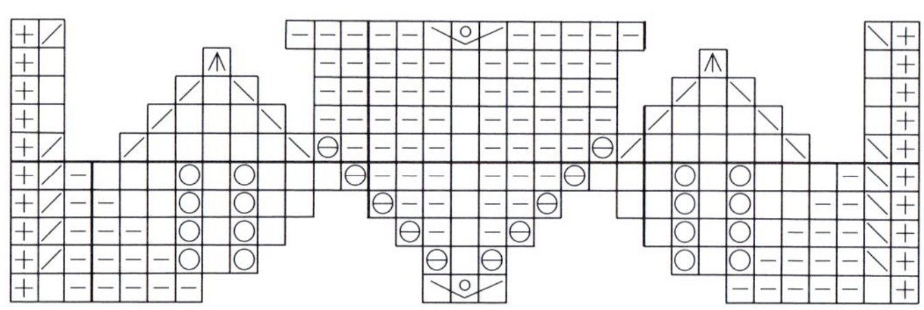

Zeichenerklärung:

- + = **Randmasche**
- ☐ = **1 Masche rechts**
- – = **1 Masche links**
- ○ = **1 Umschlag**
- / = **2 Maschen rechts zusammenstricken**
- \ = **2 Maschen rechts überzogen zusammenstricken (= 1 Masche wie zum Rechtsstricken abheben, 1 Masche rechts stricken, dann die abgehobene Masche überziehen)**
- ⋀ = **3 Maschen mit oben aufliegender Mittelmasche rechts zusammenstricken (= 2 Maschen gemeinsam wie zum Rechtsstricken abheben, 1 Masche rechts stricken, dann beide abgehobene Maschen überziehen)**
- ⊖ = **1 Masche aus dem Querfaden links verschränkt herausstricken**
- \○/ = **3 Maschen aus 1 Masche herausstricken (= 1 Masche rechts, 1 Umschlag, 1 Masche rechts)**

In gleicher Reihe erschienen ...

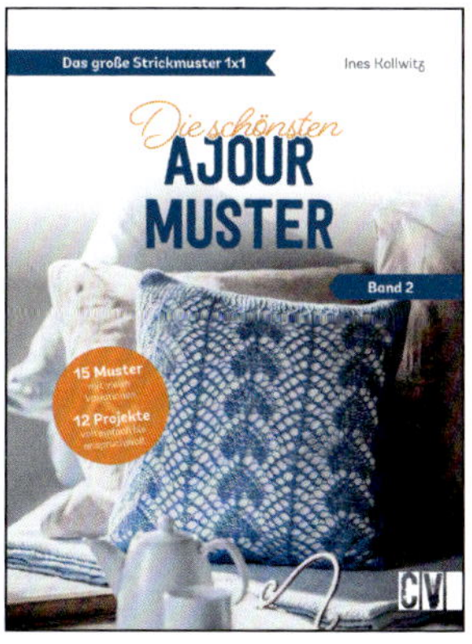

ISBN 978-3-8410-6623-7

Einfache Strickmodelle mit Ajourmuster: dem perfekten Zusammenspiel von Umschlägen und zusammengestrickten Maschen. Projekte von Mode bis Homedeko.

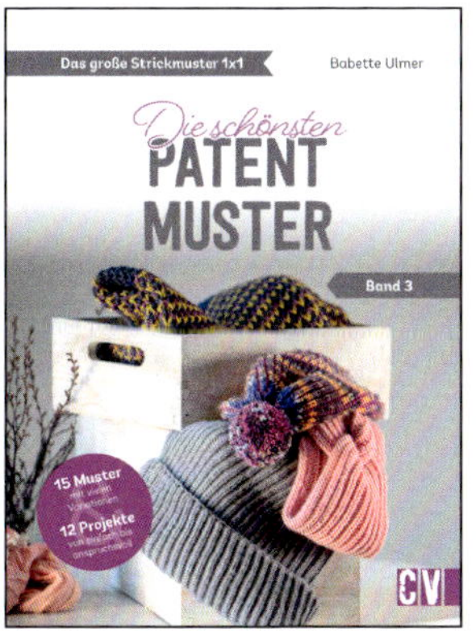

ISBN 978-3-8410-6671-8

Umschläge, Abheben, Zusammenstricken: So einfach entstehen Patent-Muster. Wie das funktioniert, zeigt dieser Band der Strickmuster-Sammlung.

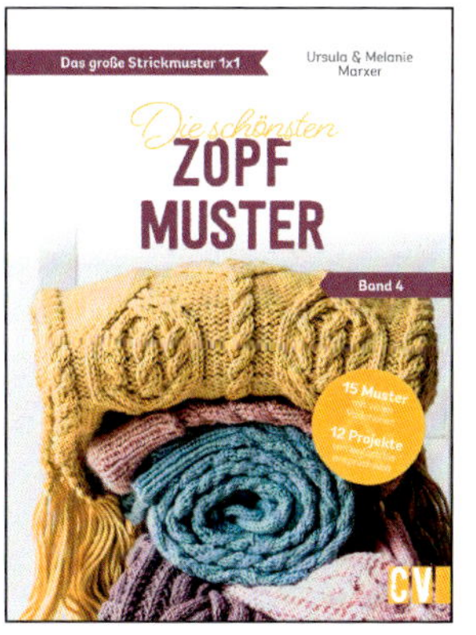

ISBN 978-3-8410-6670-1

Durch einfaches Verkreuzen der Maschen entstehen plastische Zopfstrukturen. Wie das funktioniert, zeigt dieser Band der Strickmuster-Sammlung.

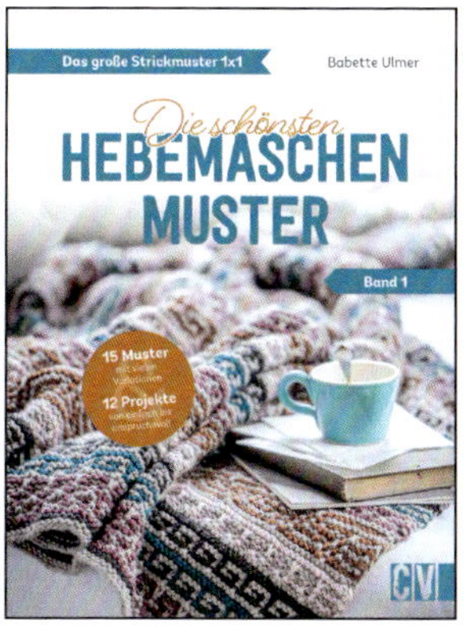

ISBN 978-3-8410-6640-4

Mit Hebemaschen entsteht ein Muster durch's Abheben der Maschen. Wie das funktioniert, zeigt dieser Band der Strickmusterreihe.

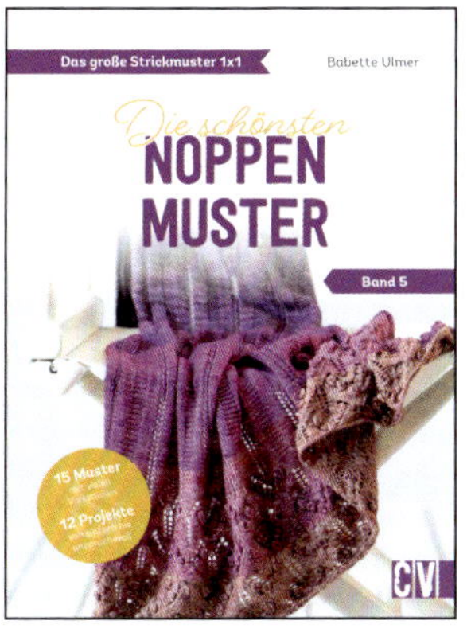

ISBN 978-3-8410-6700-5

Mit Noppen entstehen tolle Ansichten, die sich vom bekannten Maschenbild abheben. Wie das funktioniert, zeigt dieser Band der Strickmusterreihe.

CV

www.christophorus-verlag.de

Impressum

Autorin: Babette Ulmer
Verantwortlich: Helgrid van Impelen
Fotos & Styling: Anne Schulz
Lektorat & Produktmanagement:
Stephanie van der Linden
Korrektorat: Anna Maier
Umschlaggestaltung: Regina Degenkolbe
Layout-Konzept und Satz: Ina Mielkau
Repro: LUDWIG:media
Herstellung: Kathleen Baumann
Printed in Slovakia by Neografia

★★★★★

Sind Sie mit diesem Titel zufrieden? Dann würden wir uns über Ihre Weiterempfehlung freuen. Erzählen Sie es im Freundeskreis, berichten Sie Ihrem Buchhändler oder bewerten Sie bei Onlinekauf. Und wenn Sie Kritik, Korrekturen, Aktualisierungen haben, freuen wir uns über Ihre Nachricht an: Christian Verlag, Postfach 40 02 09,D-80702 München oder per E-Mail an lektorat@verlagshaus.de.

Unser komplettes Programm finden Sie unter

www.christophorus-verlag.de

 Autor/Autorin und Verlag haben alle Angaben und Anleitungen mit größtmöglicher Sorgfalt zusammengestellt. Dennoch kann bei Fehlern keinerlei Haftung für direkte oder indirekte Folgen übernommen werden. Garne, Materialien und Modelle können von den jeweiligen Originalen abweichen. Die bildliche Darstellung ist unverbindlich.

Sollte dieses Werk Links auf Webseiten Dritter enthalten, so machen wir uns die Inhalte nicht zu eigen und übernehmen für die Inhalte keine Haftung.

Die abgebildeten Modelle und Musterstücke wurden angefertigt von Sabine Damerau, Eva Huber, Gisela Jäger, Sabine Langguth-Heinze, Birgit Schwer und Babette Ulmer.

Für die großzügige Bereitstellung der von uns verwendeten Garne bedanken wir uns herzlich bei Austermann Vertriebs GmbH (Süssen), Buttinette (Wertingen), Hoooked (Alcanena Portugal), Junghans-Wolle (Aachen), Lana Grossa Mode mit Wolle Handels- und Vertriebs GmbH (Gaimersheim), ONline Klaus Koch GmbH (Stadtallendorf), Schulana GmbH & Co. KG (München).

Die Deutsche Nationalbibliothek verzeichnet diese Publikation in der Deutschen Nationalbibliografie; detaillierte bibliografische Daten sind im Internet über https://www.dnb.de/ abrufbar.

ISBN 978-3-8410-6701-2

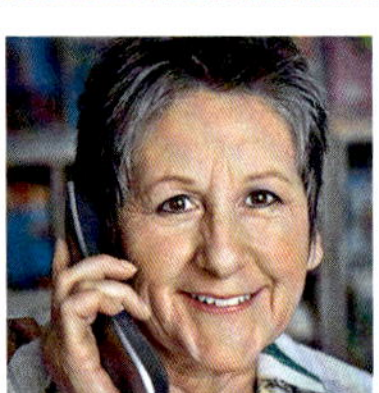

Kreativ-Service

Sie haben Fragen zu den Büchern und Materialien? Frau Erika Noll ist für Sie da und berät Sie rund um alle Kreativthemen. Rufen Sie an! Wir interessieren uns auch für Ihre eigenen Ideen und Anregungen. Sie erreichen Frau Noll per E-Mail: **kreativ-service@c-verlag.de** oder Tel.: **+49 (89) 13 06 99-577.**

Besuchen Sie uns im Internet: www.christophorus-verlag.de
& www.selbstgemacht.de